Pedro Eloy

BUY-ME!

A Influência da Publicidade na Psicologia de Consumo

Edição e Grafismo por Cristina Lopo

ISBN-13: 978-1456550813
ISBN-10: 1456550810

"Good communication is as stimulating
as black coffee, and just as hard to sleep after."

Anne Morrow Lindbergh

Índice

Índice 7

Nota do Autor 11

Prefácio 15

Capítulo 1
A sociedade e a informação 21

Capítulo 2
Os consumidores e o acto de comprar 25

Capítulo 3
As campanhas publicitárias 41

Capítulo 4
O segmento da terceira idade 67

Capítulo 5
O planeamento da campanha publicitária 75

Capítulo 6
Alinhamento internacional ou publicidade local? 81

Capítulo 7
Relação agência-cliente.......................................91

Capítulo 8
A comunicação e o ciclo de vida do produto 93

Capítulo 9
Estratégias de comunicação:
a opinião dos especialistas...................................99

Capítulo 10
Meios tradicionais de comunicação........................103

Capítulo 11
O foco da publicidade nos anos 80 e 90: a televisão....125

Capítulo 12
A publuição ou o excesso de publicidade 133

Capítulo 13
Os estudos de mercado.......................................141

Capítulo 14
Festivais e prémios publicitários...........................149

Capítulo 15
Casos de sucesso em comunicação.........................155

Capítulo 16
A nova era da publicidade e o novo consumidor.........163

Capítulo 17
A comunicação na era digital.............................. 171

Capítulo 18
Considerações finais.. 179

Bibliografia sugerida....................................... 191

Nota do Autor

Este livro pretende fornecer uma visão sumária sobre as principais tendências da comunicação no final dos anos 90, tentando descrever o panorama da altura no que diz respeito a atitudes, reacções e formas de comportamento dos consumidores, bem como das mudanças e desafios sentidos pelas agências de comunicação ao desenvolverem campanhas na viragem do século XX. Ao longo do texto, são introduzidos pontos de vista de autores de renome, como forma de suportar as opiniões e afirmações nele expressos. São igualmente utilizados exemplos reais de modo a promover um melhor enquadramento da mensagem que se pretende transmitir.

...

Pedro Eloy é um especialista em estratégia para Web & *New Media* e trabalha com gestores de topo em empresas locais e multinacionais na procura, concepção e implementação de e-soluções integradas, que promovam o crescimento da marca, o desenvolvimento e expansão do negócio e a abertura de novos mercados.

Com experiência em vários sectores de actividade, como a comunicação, o entretenimento, o retalho, as novas tecnologias, a saúde e o sector financeiro e, possuidor de um percurso profissional internacional tendo trabalhado em vários países (Europa, América do Norte e Ásia), Pedro Eloy formou e liderou equipas multidisciplinares e altamente especializadas no desenho, estratégia, execução e implementação de projectos assentes nas novas tecnologias, tendo sido igualmente responsável pela selecção, formação e coordenação das equipas que liderou.

Em Portugal, liderou o Departamento de Comunicações da Infordesporto, empresa pioneira focalizada no desenvolvimento de soluções integradas para o segmento desportivo, e colaborou com a empresa TVLab, responsável pelo projecto de implementação de Televisão Interactiva, em parceria com a Microsoft. Nos Estados Unidos colaborou com a Turner Network Television, TNTLA, onde foi responsável pelo desenvolvimento e implementação de programas de marketing online e campanhas promocionais para prestigiosas cerimónias de atribuição de prémios da Indústria de cinema de Hollywood. No Reino Unido, Pedro Eloy colaborou com a GH Solutions, onde foi responsável pela implementação de uma estratégia global de vendas para a comercialização de software EAI e também pela gestão da rede internacional de parceiros, Global Partner & Reseller Network, da empresa. Pedro Eloy tem também liderado projectos nas áreas de Web & New Media para a International Chamber of Commerce (ICC) sediada em Paris, França. Para além do sector privado, Pedro Eloy colaborou igualmente com o Sector Social, tendo sido responsável pela elaboração e desenvolvimento de um programa de *e-solutions* para empresas como a Caritas em Toronto, Canadá, e a NPVSocial em Lisboa, Portugal.

Presentemente, Pedro vive em Hong Kong, China, assumindo a Direcção de New Media & IT no Fung Global Institute.

Prefácio

Por Fernando Santos,
Managing Director da OasisEurope

As décadas de 80 e 90 constituíram, para Portugal, um período de grandes mudanças nos tecidos social, económico e politico, o que conduziu a profundas alterações na forma de estar, de pensar e de agir dos diversos agentes, interlocutores e actores que operavam nos diferentes sectores e áreas de intervenção nacionais. Ao mesmo tempo, promoveu a emergência de um novo paradigma, quer no que diz respeito ao nível e estilo de vida dos portugueses, quer no que diz respeito aos padrões e hábitos de consumo da sociedade lusa.

A adesão à Comunidade Europeia, em 1986, seguida de um período de grande estabilidade política, durante os XI e XII Governos Constitucionais liderados por Cavaco Silva, (1987-1995), permitiram a Portugal encetar e implementar, com sucesso, uma série de reformas estruturais que levaram á abertura do país a uma verdadeira economia social de Mercado; a par das reformas fiscais, laborais e sociais assistiu-se à privatização de diversas empresas que operavam em sectores-chave da economia nacional, á liberalização da comunicação, com o aparecimento de operadores privados de rádio e televisão, á modernização de infra-estruturas e vias de acesso, á entrada de capital estrangeiro em Portugal, quer através da revitalização do sistema financeiro português que abriu os braços à iniciativa privada, quer através da fixação de empresas multinacionais em solo nacional e ao estabelecimento e reforço da cooperação internacional, promovendo assim a abertura de Portugal ao exterior e tornando a economia portuguesa verdadeiramente global.

No que diz respeito a hábitos de consumo, esta abertura tornou acessível, aos consumidores portugueses, uma série de bens e produtos até então desconhecidos pela maioria da população, que não possuía disponibilidade económica para viajar e trazer 'lá de fora' as últimas novidades em termos de moda, electrodomésticos, objectos decorativos ou mesmo produtos alimentares e outros bens de grande consumo. A este 'despertar de vontades' não foi alheio o surgimento das primeiras grandes superfícies comerciais, que, ao mesmo tempo que respondiam à procura crescente de produtos pelos consumidores, criavam neles novas necessidades, pela introdução, nos seus sortidos, de categorias tradicionalmente não existente ou pouco representativas.

O aumento do poder de compra, a par da crescente oferta, promoveu uma alteração radical no comportamento do consumidor, que se tornou mais informado e, consequentemente mais exigente e racional.

Para que uma empresa conseguisse vender, não era suficiente ter um produto e colocá-lo à venda; teria de ir mais além para conseguir criar uma necessidade de compra na mente do consumidor, despoletar a vontade ou a motivação para a compra e, finalmente, levar o consumidor ao local físico de venda para que efectuasse a compra e adquirisse o produto.

Deixava assim de ser simples influenciar o acto de consumir, e as agências de publicidade rapidamente o entenderam; a simples adaptação dos clips ou spots internacionais, dobrados em português e muitas vezes desalinhados com o contexto ou inadaptados à realidade e comportamento dos portugueses, passou a dar lugar a peças ousadas e disruptivas ou conciliadoras e tradicionais, mas coerentes com o *target* pretendido – em particular, com a sua tipificação sócio-económico-cultural.

A par do aparecimento de pequenas agências inovadoras e criativas, assistiu-se à reorganização do sector da comunicação e *advertising,* que se reestruturou e diversificou a sua oferta por forma responder às novas necessidades do mercado, ao mesmo tempo que integrou na sua cadeia de valor elementos a montante e a jusante, como foi o caso de centrais de compra e planeamento de meios, empresas de RP e assessoria mediática, e foi buscar profissionais de comunicação a mercados mais maduros, como o Brasil ou o Reino Unido, por forma a conseguir uma comunicação mais eficiente e eficaz dos produtos dos seus clientes. A escolha da agência tornou-se, assim, determinante neste novo paradigma de consumo. A sua notoriedade e versatilidade, o seu *track record* e também os recursos humanos, operacionais e parceiros estratégicos eram cuidadosamente avaliados pelas empresas-clientes na altura de escolher quem poderia promover os seus produtos com maiores e mais significativos resultados. Como em tudo, foram cometidos erros – alguns deles mesmo fatais para ambos, a agência e o cliente/produto, mas também se verificaram sucessos estrondosos, com reconhecimento internacional.

Com a obra *Buy-Me! – A Influência da Publicidade na Psicologia de Consumo*, Pedro Eloy consegue, de uma forma directa, objectiva e sumária, ilustrar as principais tendências de consumo a que assistimos na viragem do século XX, com principal ênfase para os anos 80 e 90 descrevendo, de uma forma clara e quase informal, quais os principais desafios que se apresentavam tanto às empresas que pretendiam lançar, reposicionar ou reactivar as suas marcas ou produtos, como às agências de comunicação que desenhavam, implementavam e executavam as campanhas de publicidade para o efeito. Usando exemplos reais e ilustrativos e, recorrendo a obras e autores de referência da época, Pedro Eloy consegue contextualizar os seus pontos de vista e opiniões no que diz respeito ao ambiente e contextos então vividos, fornecendo uma visão global e uma perspectiva ímpar sobre o tema consumidores, consumo e comunicação, ao mesmo tempo que nos diverte e faz recordar os anúncios que marcaram para sempre a nossa infância.

.....

Fernando Santos é Managing Director da OasisEurope, uma empresa internacional de Consultoria de Gestão na área do Retalho. Foi administrador e CEO da Z-Publicidade, uma agência disruptiva e inovadora que revolucionou o panorama da comunicação em Portugal, tendo sido a primeira agência em Portugal a ganhar o cobiçado Leão de Ouro no Festival de Cannes 2000 e recebido vários prémios, nacionais e internacionais.

Fernando Santos trabalhou a publicidade e a comunicação de várias marcas nesta categoria, tendo sido responsável pela planificação estratégica, supervisão e execução de campanhas para empresas como a Mercedes-Benz, Red Bull, Feira Nova e Sara Lee.

CAPÍTULO 1

A SOCIEDADE E A INFORMAÇÃO

Em 1950, o termo "Megametrópoles" só podia aplicar-se a duas cidades cujo número de habitantes era superior a oito milhões: Nova Iorque e Londres. A dinamização do tecido económico mundial resultante da recuperação da capacidade produtiva no período do pós-guerra trouxe novos e mais prósperos padrões de vida, o que resultou num aumento significativo da taxa de natalidade mundial e permitiu às empresas começar a pensar em estratégias de produção, venda e comercialização de bens e serviços que muito extravasavam as fronteiras locais ou nacionais.

O aparecimento de grandes multinacionais incentivou a migração de famílias à procura de um posto de trabalho que lhes permitisse garantir o seu sustento, o que contribuiu para o aparecimento de novas e prósperas cidades, com uma população em franco crescimento. O aumento de oferta de bens e serviços, resultante da maior procura verificada, incentivou as empresas a racionalizarem a sua estrutura produtiva, aumentando as receitas e diminuindo os custos, levando-as progressivamente, a procurar soluções de *sourcing* globais, *vis-à-vis* as locais, mais limitadas e geralmente mais dispendiosas, o que promoveu e incentivou o crescimento de economias latentes e tradicionalmente mais fechadas sobre si mesmas, que passaram a assumir o papel importante de fornecedores, à escala mundial. Esta procura global de soluções mais eficientes e economicamente mais eficazes por parte das economias de mercado do Ocidente abriu as portas a uma série de novas e aliciantes oportunidades e serviu de motor a uma série de mudanças no ordenamento político, económico e social de vários países.

O levantamento de restrições económicas e comerciais à importação e exportação de bens e serviços dos antigos países socialistas, a queda da Cortina de Ferro e a contínua perca de dominância político-económica da antiga URSS, seguida do seu desmoronamento enquanto república unificada, promoveu uma nova ordem mundial, com novas nações possuidoras de forças de trabalho qualificada e sedentas de trabalho.

O aumento das taxas de emprego nestes países ditos *emergentes*, resultou numa reorganização das sociedades locais, as quais assistindo a uma melhoria das suas condições de vida, contribuíram para o aumento das taxas de natalidade, promovendo assim uma espécie de segunda vaga de *baby boomers*, com especial incidência para os antigos países de Leste e para a Ásia. Actualmente, o número de Megametrópoles mundiais é muito superior àquele de 1950, e os peritos prevêem que, em 2015, o seu número terá aumentado para 33, 19 das quais situadas na Ásia.

As Megametrópoles da actualidade já não podem ser chamadas cidades no sentido tradicional do termo. Na verdade, elas são essencialmente constituídas por conglomerados urbanos, cujas fronteiras estão cada vez mais mal definidas. Ricas ou pobres, novas ou velhas, estas cidades do excesso defrontam-se todas com os mesmos tipos de problemas: condições deficientes de habitação, poluição atmosférica, superpopulação, insegurança, desigualdade e exclusão. Ao mesmo tempo, são ávidas consumidoras de bens e serviços, a maior parte fornecidos por empresas multinacionais.

A abertura de novos mercados e a emergência de novos segmentos de potenciais consumidores forneceu às empresas novas e aliciantes oportunidades de expandir o seu portfolio e diversificar o seu negócio, apostando em novas tendências e oportunidades. Hoje, fala-se em Globalização da economia, e assiste-se a um mundo em que, cada vez mais, as economias nacionais estão a perder influência.

A emergência das novas tecnologias e a massificação do uso de computadores com ligação à internet, juntamente com o aparecimento de novas soluções de comunicação eficientes e de custo relativamente reduzido permitiu o encurtamento das distâncias entre países, contribuindo para uma maior – se não mesmo livre – circulação de informação a nível mundial. A globalização da informação a que hoje assistimos transformou a "sociedade" numa verdadeira sociedade de informação, em que tudo se sabe, tudo se comunica, tudo se transmite. Esta sociedade de saber promoveu a emergência de consumidores 'especializados', altamente informados, cujas decisões de compra e consumo são pensadas e comparadas a nível mundial.

Ao mesmo tempo, o desenvolvimento socioeconómico, a evolução da tecnologia e a livre circulação de informação conduziram a avanços científicos notáveis em várias e diversas áreas, que permitiram um maior conforto, uma melhor qualidade de vida e, sobretudo, um considerável aumento da esperança de vida das populações, o que, inevitavelmente fez surgir um novo segmento de consumidores, actualmente em franco crescimento, com poder de compra significativo e necessidades não colmatadas – o segmento da Terceira Idade. Este envelhecimento populacional tem, nos últimos anos, contribuído para a inversão das pirâmides populacionais sobretudo nos países mais desenvolvidos, o que tem levado as empresas a modificarem a sua oferta de bens e serviços de modo a servirem este segmento.

CAPÍTULO 2

OS CONSUMIDORES
E O ACTO DE COMPRAR

Cada vez mais, os consumidores questionam tudo: preços, condições, garantias.... São mais sensíveis à notoriedade de uma marca e revelam-se duros negociadores em busca de condições vantajosas. Em suma, apelam para uma oferta de produtos com maior valor acrescentado. São pessoas mais informadas e que têm numerosas opções de escolha em termos de produtos e locais de compra. Hoje, mais do que nunca, os consumidores exigem valor e ignoram os fornecedores que oferecem uma escolha limitada.

O conceito de valor corresponde à combinação de três factores importantes: qualidade, serviço e preço. A qualidade, o factor Q, representa as características tangíveis de um produto. O serviço, o factor S, corresponde simultaneamente ao valor percebido pelo cliente face ao serviço prestado e aos serviços adquiridos ou oferecidos juntamente com um determinado produto. O preço, o factor P, diz respeito ao factor monetário pago pela compra de um produto ou serviço. Em conjunto, estes três factores constituem a proposta de valor apresentada ao cliente.

A qualidade em si já não é suficiente; um excelente serviço ao cliente também não, e um preço muito reduzido não assegura o sucesso a longo prazo. Quando a oferta de valor (os três componentes atrás referenciados) satisfaz ou excede as expectativas do cliente, a venda efectua-se.

O ponto chave é a forma como o consumidor se apercebe do valor. O valor percebido explica o motivo pelo qual, em muitos sectores, as empresas que têm os produtos e serviços mais caros são as que detêm a maior quota de mercado. Também explica porque é que muitas empresas envolvidas em guerras de preços acabam, tantas vezes, na falência.

O consumidor, cada vez mais esclarecido e menos fácil de influenciar, acostuma-se ao novo acto de compra, mas os níveis de infidelidade, ou seja, a possibilidade de escolha e a penalização dela resultante, num sector em que a concorrência aumenta, atingem níveis bastante altos. Nos anos 90 em Portugal, os níveis de infidelidade chegaram a atingir mais de 30% no que respeita a marcas de produtos. Lança-se assim o conceito de consumidor camaleão, que não é leal a um produto ou marca, exercendo a sua escolha no acto de compra e recorrendo a substitutos quer por motivos racionais, quer por razões emocionais, quer ainda pelo simples facto de existirem alternativas pontualmente mais aliciantes. Como exemplo do primeiro, vejamos o caso de um executivo que tanto viaja em primeira classe para assuntos de trabalho, onde é pago pela empresa, como escolhe a classe económica para o turismo, que paga do seu próprio bolso. Ou da senhora que prefere o creme hidratante comprado na farmácia porque não lhe causa alergias como os que são vendidos nos supermercados ou perfumarias. Como exemplo de motivos emocionais, temos o marido que oferece à sua mulher roupa – sem qualquer identificação exterior – comprada em lojas de luxo, a um preço muito superior àquele que encontra noutros estabelecimentos mas com uma qualidade, aparência e funcionalidade idênticas. Ele fá-lo apenas porque sabe que a sua mulher irá contar às amigas o presente que recebeu e, desta forma, sentir-se bem. Finalmente, para ilustrar a existência de alternativas mais aliciantes, temos a dona de casa que escolhe o detergente de uma marca em detrimento do que geralmente usa, pelo simples facto de o primeiro estar em promoção.

O processo de fidelização engloba técnicas destinadas a conservar e atrair os melhores clientes de modo a aumentar a sua ligação à empresa. Vários estudos demonstraram que recrutar novos clientes é três a cinco vezes mais caro do que conservar os existentes e encorajá-los a consumir mais.

Aumentar a fidelidade exige detectar as principais causas de insatisfação dos consumidores, nomeadamente as razões que os levaram a recusar um produto ou serviço, ou a preferir um de um rival.

Um consumidor cada vez mais experiente, não hesita em mudar de marca. Privilegia as grandes superfícies que, muitas das vezes, acabam por ditar as suas condições aos produtores. Esta concentração da distribuição, bem como o advento das marcas próprias, mais intensa na Europa, reforça o desequilíbrio na escolha de produtos, lojas e experiencias de consumo.

Para adquirir um bem ou serviço, o consumidor tem de saber, em primeiro lugar, que o produto existe (notoriedade); em segundo lugar, associá-lo a um conjunto de benefícios – reais ou percebidos – que valorize e que vão de encontro às necessidades que possui ou que criou (posicionamento mental) e, em terceiro lugar, colocar o produto num nível elevado da sua hierarquia de preferências por forma a que, sempre que se recorde da necessidade que possui a associe ao produto (*recall*). Depois, necessita de ser encorajado a comprar o produto, tendo, para isso de conseguir encontrar facilmente o produto à sua disposição num ponto de venda acessível (canal de distribuição), de concordar e ter a disponibilidade económica para pagar o preço marcado (*share of wallet*) e, finalmente de estar convencido que os concorrentes (substitutos) não oferecem o mesmo benefício que o produto, ainda que sejam mais baratos. No final, o consumidor necessita de obter algum tipo de satisfação ou gratificação resultante da compra do produto.

Em suma, o processo de compra e a sua subsequente avaliação envolvem várias fases: revelação de uma necessidade - definição do problema - procura de informação - avaliação das soluções possíveis - decisão - compra - avaliação – reacções ou feedback.

A compra, motivada por valores de uso, tangíveis e racionais (benefícios reais) é também muito influenciada por valores de imagem, emocionais, de percepção e intangíveis (benefícios percebidos). Dependendo do grau de envolvimento do consumidor com o produto, assim qualquer campanha promocional destinada ao incentivo à compra deverá deslocar-se para um ou outro lado deste espectro. A compra de um perfume é uma decisão puramente subjectiva; a sua promoção tem de apelar a conceitos emocionais, evocativos de beleza, atitude, *lifestyle*, auto-estima, poder económico, enfim, valores intangíveis, sendo o benefício percebido muito mais rico que o benefício real do produto (numa palavra, mascarar odores corporais). Já a compra de uma máquina de soldar industrial é uma decisão puramente objectiva, cuja decisão de aquisição obedece a critérios rigorosos de especificação, consumo, preço, durabilidade, tamanho, robustez. Aqui, o benefício real (capacidade de executar a tarefa de soldar durante um período de tempo longo, com o mínimo de custos de consumo e manutenção) é o factor determinante.

Para a maioria de bens de consumo, ir às compras é um acto que corresponde cada vez menos à satisfação de necessidades reais – embora continue, obviamente, a guardar uma parcela dessa dimensão – sendo agora crescentemente vivido como um momento, entre muitos outros, de puro entretenimento. Hoje em dia, comprar uma simples lâmpada de baixo consumo de uma marca conhecida é deixar-se levar numa aventura sensorial, uma experiência emocional envolvente e relaxante, ao mesmo tempo que se contribui para a conservação do legado planetário para as próximas gerações.
Este apelo ao intangível, para além de estar cada vez mais presente nas campanhas dos produtos, tem vindo a ser transportado para os canais de venda, como forma de atrair os consumidores e a incentivá-los ao consumo.
A revista "Frame" evidencia no seu número de Agosto de 1999 e através de múltiplos exemplos, como lojas de marca (Gap, Nike...), e espaços comerciais se estão a transformar em "destinos lúdicos", onde o acto de comprar é uma pequena parcela da experiência

oferecida: compram-se cada vez mais estas experiências de diversão, em detrimento dos objectos e serviços propriamente ditos. A construção e o "design" dos espaços tornaram-se, assim, pontos cruciais – tanto ou mais do que os produtos que se pretende vender - para captar a atenção dos consumidores.

Para Charles Handy, especialista em gestão empresarial, nos últimos anos temos vindo a atravessar uma era materialista, em que o principal objectivo se concentra na procura de bens materiais em quantidades que em muito extravasam o estritamente necessário. Muitos de nós, particularmente os filhos, crescemos na ilusão de que não existe fome ou guerra, ou quaisquer outros condicionantes ou limitadores da oferta de bens e serviços, o que se traduz numa crescente ansiedade, nestas novas gerações, em procurar algo que vá para além do simples acto de consumir.

A emoção, é assim, para muitos, a solução - nas palavras de Adam Smith, "a procura infinita de coisas inúteis". Inúteis ou não, a verdade é que os consumidores que as consumem fazem-no porque sentem incentivos para o fazer. Para além da existência de necessidades reais, objectivas, tangíveis e muito específicas, é possível enumerar uma série de motivações individuais, subjectivas e intangíveis, não directamente relacionadas com a natureza ou aplicabilidade do produto *per se*, que incentivam ao acto de ir às compras:

Desempenhar um determinado papel na sociedade: Muitas actividades constituem comportamentos aprendidos, tradicionalmente esperados ou aceites como parte de uma dada posição ou papel na sociedade – mãe, dona de casa, marido ou estudante. O indivíduo interioriza estes comportamentos como requeridos e sente-se motivado a participar no que se pode chamar de "actividades esperadas". Por exemplo, fazer compras na mercearia ou no mercado local constitui uma actividade a esperar de uma dona de casa.

Diversão: Ir às compras pode também ser uma oportunidade de diversão na rotina do dia-a-dia, passando assim a representar uma forma de recreação. Pode mesmo oferecer entretenimento gratuito a toda a família, sem qualquer necessidade de uma indumentária apropriada ou de qualquer tipo de planeamento. O conhecido fenómeno das grandes massas às voltas pelos corredores de centros comerciais reforça a crença na ideia de que ir às compras é também uma forma de passatempo. Os centros comerciais cobertos situam-se numa posição vantajosa para o encorajamento desta actividade, através de exposições, espectáculos e outras atracções igualmente apelativas e capazes de atrair diferentes membros de uma mesma família.

Auto-gratificação: Diferentes estados emocionais podem assumir relevância na explicação dos motivos (e dos momentos) que levam alguém a ir às compras. Por exemplo, um indivíduo pode ir a uma loja à procura de diversão por estar aborrecido, ou pode sair em busca do contacto social por se sentir só. Da mesma forma, pode ir a uma loja comprar algo agradável para si, nos momentos em que se sinta deprimido. Muitos dos participantes deste estudo revelaram que, muitas vezes, conseguem aliviar a depressão, pura e simplesmente, através do acto de comprar algo para eles próprios. Nestes casos, a ida às compras é motivada, não pela esperada utilidade do consumo, mas sim pela própria utilidade do próprio processo da compra.

Conhecer as tendências mais recentes: Os produtos encontram-se profundamente ligados às nossas actividades diárias, frequentemente servindo como símbolos que reflectem atitudes e estilos de vida. Não são poucas as pessoas que se interessam por se manterem informadas sobre as últimas tendências de moda, novos estilos ou inovações em produtos. Independentemente de essa aprendizagem se poder processar com ou sem a existência da compra, um dado segmento de consumidores, por categoria de produto, encontra-se mais predisposto a adquirir "coisas" novas.

Actividade física: Um ambiente urbano caracterizado

pela massificação dos transportes e condução em vias de múltiplas faixas, não deixa às pessoas grandes hipóteses de se exercitarem fisicamente a um ritmo agradável. A actividade "compras" pode proporcionar uma boa quantidade de exercício. São muitos os comerciantes que procuram minimizar as distâncias no interior dos seus estabelecimentos, por partirem do princípio que os seus clientes as encaram como algo de inconveniente. No entanto, há um certo número de compradores que, aparentemente, acolhe com prazer a oportunidade de caminhar em centros comerciais e através das suas múltiplas passagens.

Estimulação sensorial: As casas de retalho fornecem aos compradores inúmeros e potenciais estímulos sensoriais. Os consumidores passeiam-se por entre os seus corredores, enquanto observam as mercadorias e os outros clientes. Acham agradável tocar e sentir o produto, assim como experimentá-lo logo na loja ou, mais tarde, em casa. O som também pode constituir um factor importante, dado que um ambiente barulhento cria uma imagem completamente diferente de outro que se caracterize pelo silêncio ou por música ambiente suave. Mesmo os aromas podem ser relevantes - há lojas que optam por uma estratégia de marketing olfactiva, ou seja, difundir um odor diferente de perfume ou de comida preparada.

As sondagens estruturadas que pretendem medir o

que leva as pessoas a comprar, podem não detectar este tipo de influência sensorial, pelo simples facto de os compradores raramente recordarem esses estímulos numa resposta imediata. Está hoje provado que o ambiente de compras influencia a decisão do consumidor de comprar numa loja, ou em centros comerciais específicos.

Experiências sociais fora do lar: Tradicionalmente, o mercado tem sido um centro de actividades sociais. Num grande número de países subdesenvolvidos, ele ainda funciona como local de encontro de cidadãos. Assim, e por todo o mundo, ainda são mantidos "dias de mercado", "feiras regionais" e "praças centrais", que proporcionam o momento e o local para a interacção social. Os ambientes urbanos apresentam equivalentes, à medida do nosso tempo, às feiras de rua, leilões e encontros, onde se realizam trocas. Geralmente, a ida às compras pode representar a oportunidade para uma experiência social fora do lar. Há mesmo idas às compras que podem resultar em encontros directos com amigos, enquanto em outros, o contacto social pode revelar-se de forma mais indirecta, tal como demonstra o passatempo da "observação de quem passa". O desenvolvimento de actividades profissionais, sociais, religiosas, educativas, clubísticas ou recreativas por parte dos estabelecimentos comerciais é um outro exemplo destinado a promover o acto de consumo.

Comunicação com pessoas de interesses similares: Os interesses comuns constituem um elo de ligação privilegiado no estimular da comunicação e associação entre indivíduos. Não são poucos os *hobbies* que se centram em produtos ou serviços, como sejam andar de barco, coleccionar selos, lidar com automóveis e decorar o lar. Os estabelecimentos comerciais que oferecem produtos relacionados com *hobbies* funcionam como ponto de atracção para a interacção de indivíduos com interesses similares. As pessoas gostam de debater os seus próprios interesses com os outros, e os empregados de balcão são, frequentemente, procurados para fornecerem informações específicas relativas à actividade em causa.

Atracção por iguais: Ser cliente de um determinado estabelecimento pode reflectir o desejo de encontro com um grupo de gente igual, ou com um grupo de referência a que se deseja pertencer. Por exemplo, as lojas de discos são locais onde facilmente se encontram adolescentes. Estes estabelecimentos proporcionam um local de encontro para os elementos de um dado grupo. Esta atracção não se relaciona directamente com o motivo de interesse comum, dado os locais de encontro tenderem a alterar-se com o correr do tempo. Em muitos casos, o cliente pode até ter um interesse limitado na categoria de produto, e escassa intenção de compra. Ainda assim, se o estatuto do grupo se associar ao conhecimento pessoal da categoria e natureza dos objectos, a influência do grupo poderá então motivar o indivíduo a desenvolver um interesse pelo produto.

Estatuto e autoridade: Muitas experiências de compra proporcionam uma oportunidade para que um indivíduo obtenha atenção e respeito. Esta é das poucas actividades em que nos podemos permitir a expectativa de "ser servidos" sem ter de pagar por isso. Pode então obter-se uma sensação de estatuto e poder numa relação limitada, do tipo "servo-senhor". O conceito geral de uma loja é o de uma instituição que serve o público. Para alguns clientes, o gozo desta sensação de poder, tende a atrasar consideravelmente a decisão de compra, dado esta concluir a atenção de que estão a ser alvos.

Prazer de regatear: Para um grande número de compradores, regatear constitui uma actividade degradante. Outros, no entanto, parecem apreciar o processo, por acreditarem que a discussão dos preços poderá fazer baixar o custo dos produtos para níveis mais razoáveis. Além desta competição entre quem compra e quem vende, parece decorrer também uma competição implícita entre os próprios compradores – um tipo de competição que tem o ego como centro. Um dado indivíduo gaba-se da sua capacidade de fazer boas compras ou conseguir pechinchas. Numa transacção em que os preços são flexíveis, um dado acto de regatear terá funcionado no momento em que o comprador se sinta convencido de que os outros terão de pagar ao mesmo vendedor, exactamente pelo mesmo produto, uma quantia mais elevada. A existência de preços fixos impede o comprador de obter este tipo de satisfação

Se o motivo para ir às compras não passa de uma função exclusiva do motivo da compra, a decisão de o fazer ocorrerá no momento em que as necessidades pessoais de produtos específicos se tornam suficientemente fortes para tomar o tempo, dinheiro e esforço da deslocação a um estabelecimento comercial. Este tipo de compra, dita planeada, serve assim um duplo propósito ou finalidade, satisfazendo de forma simultânea uma necessidade de produto e uma necessidade emocional/social, reconhecida pelo consumidor. No entanto, nem todos os actos de consumo possuem uma motivação subjacente. Fala-se então de compras por impulso, as quais, não advindo de necessidades específicas, são motivadas por uma série de factores, como a oportunidade, a conveniência e distância, a disponibilidade financeira ocasional do consumidor, a agradabilidade do espaço comercial, o seu apelo visual, auditivo, sensorial e social.

Os meios de transporte e acessibilidade contribuem também para expor os indivíduos a inúmeras possibilidades de compra, enquanto se deslocam para os seus postos de trabalho ou para as suas actividades recreativas e sociais. Esta mobilidade aumenta a exposição a novas alternativas de compra e realça as oportunidades da compra por impulso.

CAPÍTULO 3

AS CAMPANHAS PUBLICITÁRIAS

Por forma a dar a conhecer as suas ofertas de bens e serviços, as empresas têm de as comunicar ao Mercado. Para tal, utilizam ferramentas apropriadas que lhes permitam transmitir adequadamente a marca, o produto e o conceito subjacente, criando ou satisfazendo uma necessidade existente e utilizando conteúdos relevantes destinados a chamar e captar a atenção do segmento-alvo.,

A promoção de um bem ou serviço – ou seja, de um produto - passa por um processo de concepção e de interpretação da realidade daquilo que se promove, conjuntamente com o grau de evolução da sociedade e dos seus estilos de vida. Tem de ser eficaz e eficiente e resultar na compra do bem ou serviço que patrocina. Para tal, tem necessariamente de ser notada e posteriormente relembrada pelos consumidores, promovendo uma associação racional, sensorial, de qualidade e de benefício do consumidor com a marca.

A aparente interrupção de emissão nos quatro canais de televisão portuguesa para assinalar o lançamento dos novos Renault Megane Scénic no dia 11 de Outubro de 1996, constituiu uma utilização original do suporte televisão. Com efeito, esta foi a primeira vez que houve, num "break publicitário", o recurso a um "spot" similar a um problema técnico. O problema do "zapping" foi contornado, tendo sido criada, junto dos telespectadores, a ilusão de que estavam perante uma notícia importante de última hora. Com esta estratégia, a Publicis, a Initiative Média e a Renault Portugal conseguiram atingir um objectivo crucial para o sucesso da campanha de lançamento dos novos modelos Megane: contornar a saturação publicitária da televisão.

Segundo a opinião de Cristiano Neves, na altura Director de contas da Publicis, a ideia da interrupção de emissão iria ser apresentada a nível europeu, dado ter sido a primeira experiência do género numa campanha de lançamento.

A campanha foi um sucesso, traduzida no maior crescimento de vendas do automóvel relativamente aos seus concorrentes da mesma categoria. Vemos assim, que, para além do produto, há que saber captar a atenção do consumidor com uma eficiente campanha que permita transmitir a qualidades e benefícios resultantes da sua compra. Os especialistas de Marketing fazem uso frequente de mensagens publicitárias como elemento chave dos seus planos estratégicos para lançar novos produtos, aumentar o volume de vendas, reposicionar a imagem do produto ou mesmo da própria empresa e captar novos clientes.

Embora sendo vários os factores que se evidenciam aquando da escolha de uma agência de publicidade, a qualidade, eficiência e eficácia das anteriores campanhas efectuadas acaba quase sempre por ser o factor decisório. Critérios como a estrutura de pessoal (criativos de renome, fama dos directores, formação e experiência dos elementos da equipa), o nível de facturação e o número e prestígio dos clientes da agência são tendencialmente relegados para segundo lugar, logo seguido pelo prestígio da agência, bem como pelo orçamento da campanha em questão.

Adriano Eliseu, profissional conceituado no mundo publicitário Português afirmou numa entrevista que "...é um erro os publicitários pensarem que uma agência tem de ter uma identidade. Uma agência tem de dar uma identidade aos seus produtos; a identidade é feita pelos produtos. As agências só existem porque comunicam produtos e criam estratégias de comunicação; é o poder camaleónico de uma agência o de se adequar conforme o ambiente em que se insere o cliente.

Não existem boas agências e boa publicidade se não existirem bons clientes: a qualidade de umas está, na maior parte das vezes, relacionada com a qualidade dos outros, porque, muitas vezes, uma campanha que consideramos como sendo a melhor e a mais adequada aos objectivos do cliente é chumbada por este, vendo-se aprovadas aquelas que nem sequer seriam uma segunda aposta."

A criatividade sem estratégia é gratuita e aleatória. A estratégia sem reflexo na criatividade é estéril. Ter resposta estratégica, capacidade de compreensão do mercado e criatividade que responda às necessidades e objectivos da marca é o que os mercados, os clientes e os consumidores exigem de uma agência de publicidade.
As ideias "engraçadas" são apenas um fragmento do processo da estratégia. "Ideias engraçadas" podem mesmo ser só isso mesmo, e carecerem de relevância como, por exemplo, actuar de forma pontual quando se pretende uma construção a médio-longo prazo de uma imagem; ou fazer um trabalho de categoria quando o que está em causa é uma diferenciação da marca; ou ainda, usar argumentos que interessam sobretudo ao "target" consumidor, quando o objectivo é aumentar a penetração.

Objectivos do tipo "aumentar as vendas", "criar notoriedade" ou "angariar novos consumidores" – objectivos de "marketing" - sem estarem traduzidos em objectivos de comunicação ou sem estarem explicados em termos de mensagem a transmitir, não servem como base ou como orientação para o trabalho criativo. O exercício da estratégia é frio, clínico, analítico e preciso, como o percurso de um bisturi.. Quanto mais técnico e rigoroso, mais se podem reduzir as possibilidades de erro.

Para que se possa falar em criatividade eficiente e eficaz, existem sete regras essenciais que deverão ser cumpridas:

Domínio do assunto: Conhecer bem o produto ou o serviço que se vai publicitar;

Compreender o público-alvo: Saber o que pensa, como pensa, o que gosta, a que reage, o que é que o interessa e qual a sua atitude perante o produto/serviço em causa;

Saber como persuadir: Levar o cliente a considerar que necessita de ter aquele produto já;

Dar tempo à mente: Para poder digerir toda a informação recolhida;

Conhecimento técnico: Para passar a mensagem da melhor forma.

Cultivo permanente da mente: Segundo o conhecido criativo Victor Ross, 'o ponto chave vem geralmente da junção de duas ideias aparentemente desligadas';

Apresentar o inesperado: A forma de Blurt Manning apresentar esta questão é notando que a publicidade tem um custo altíssimo e que quando as pessoas vêem aquilo que esperavam, a tendência é para deixarem de prestar atenção. O inesperado faz com que as pessoas prestem atenção e se lembrem. O custo do inesperado (ou imprevisível) não é mais alto do que o do previsível. Pelo contrário, o previsível requer um grau de repetição mais elevado, o que o torna mais caro para atingir o objectivo pretendido.

E porquê a necessidade de a criatividade ser eficiente e eficaz? Não bastaria apenas conceber peças com níveis de criatividade absolutamente extraordinários para que a campanha se traduza automaticamente num sucesso de vendas? É óbvio que a resposta é negativa. Uma agência que só faz anúncios criativos é uma agência pouco profissional, já que existem muitas soluções que são eficientes e que são as mais adequadas para diversas situações embora muitas das vezes com ideias pouco ou nada originais. E porque não usá-las se são eficazes? Se é verdade que, com frequência, os autores de anúncios que exibem pouca criatividade são odiados pelos outros profissionais do ramo, também é verdade que são adorados pelo público-alvo, que o demonstram comprando o produto, e também pelos clientes, que vêm as suas vendas aumentar.

Em resumo, a publicidade não deverá ser feita para

uma pequena elite de pseudo-intelectuais de publicitários mas ter em mente que o seu juiz final será o público-alvo e o seu objectivo a promoção das vendas.

A criatividade, seguida do conhecimento do mercado do cliente e dos custos versus qualidade, são, assim, os três factores considerados como determinantes pelos anunciantes portugueses que participaram no estudo elaborado pela Secches, como determinantes, quando procedem à escolha de uma agência de publicidade. Contudo, e apesar dos novos serviços oferecidos, cujo leque tem vindo a aumentar, a criatividade continua a ser considerada por mais de metade da amostra da Secches, exactamente 62%, como o elemento primordial da escolha.

Aquando da elaboração de uma campanha publicitária eficiente e eficaz, há uma série de factores que devem ser usados e cuidados, por forma a assegurar o seu sucesso. Vejamos alguns:

A linguagem: A linguagem é um sistema simbólico de comunicação que se funde numa relação convencional e lógica entre significados e significantes. O símbolo é uma forma de expressão natural do mito, do sagrado, do social, do económico e de toda a actividade humana, na medida em que esta não é puramente objectiva.

Cada palavra tem um símbolo. O contexto insere

sentido às palavras. Hoje, quase tudo é simbólico, logo, há que colonizar a publicidade com os símbolos adequados aos públicos alvo.

A música: As necessidades de se ultrapassar as barreiras impostas pelas várias culturas, religiões e línguas obrigam ao uso e abuso da música enquanto elemento unificador. Para Aslam Shems, da Shems Combit (agência de publicidade indiana), a música serve para conectar e para ultrapassar as barreiras culturais.

O som: O áudio é o último elo do ciclo de produção. A elaboração de bandas sonoras originais tem enormes vantagens sobre o recurso a músicas de catálogos ou provenientes de bases de dados muitas vezes usadas e abusadas numa multiplicidade de peças distintas, enquanto que uma banda sonora original é única, e acaba por ser associada a um produto ou marca, entrando inconscientemente na memória do consumidor.

A importância da escolha das vozes, em especial no que se refere ao seu timbre, é um aspecto fundamental a ter em conta. Cada voz deve ser escolhida em função do produto, funcionando assim como um elemento criativo ao serviço da peça publicitária. Muitas vezes, o indesejável acontece: a mesma voz aparece, consecutivamente em diferentes "spots" de um mesmo "break", o que acontece principalmente devido ao profissionalismo dos locutores, cuja versatilidade da interpretação, associada à experiência, faz com que sejam escolhidos frequentemente pelos criativos e produtoras durante as audições dos registos.

A forma de contornar este problema passa pela pesquisa de novas vozes de forma a aumentar as alternativas de locução. A descoberta de novos talentos é dificultada por alguns factores, de entre os quais se destaca o facto de as produtoras preferirem não arriscar e jogar pelo seguro, em virtude do ritmo alucinante em que são feitas as produções. A publicidade é uma actividade cara e a locução exige, por isso mesmo, profissionalismo, pelo que nem sempre é fácil encontrar uma voz à altura do locutor profissional.

Em Portugal, o recrutamento de novas vozes é feito basicamente na rádio e no teatro, mas não só. Para Manuel Faria, com as vozes está acontecer o que está a passar-se com os modelos e figurantes: às grandes vozes, com uma dicção e timbre perfeitos, podem juntar-se vozes cómicas, juvenis, nasaladas, inseguras, e roucas.

O silêncio: A saúde mental e física do homem necessita de momentos de silêncio. Porém, não se deve entender como tal a quietude idílica, que significa a ausência total de som. De facto, o silêncio total é inexistente e só no vazio do espaço nada se escuta, já que ali as ondas sonoras não se propagam.

Em alguns casos, o silêncio molesta tanto ou mais que o ruído, podendo mesmo ser opressivo, especialmente nos lugares ou momentos em que o associamos com determinados sons. Veja-se o caso de um bar sem vozes, ruídos de copos e burburinho das conversas...Incómodo, não?

A imagem: As imagens expressam emoções, definem ideias, simbolizam um abstracto, relatam uma história ou criam uma apetência. A partir do momento em que o criativo decide qual a imagem a usar, há que obtê-la rapidamente.

O "spot" publicitário, não promove em si mesmo o próprio produto. É necessário uma imagem – associada à marca ou ao produto - que deixe uma impressão forte, a fim de que o nome da marca fique memorizado.

A actividade de armazenamento de imagens remonta à guerra civil Norte-Americana quando, pela primeira vez, um fotógrafo vendeu as imagens que captava no campo de batalha. Porém, foi por volta de 1900 que o uso de *stocks* de imagens floresceu na Europa e, gradualmente, chegou aos Estados Unidos onde, nos anos 40, as agências fornecedoras de imagens para publicações conceituadas como a *Life*, a *Look* ou mesmo o *The Saturday Evening Post* perceberam que esse mesmo material poderia ser revendido a outros utilizadores para outros fins. Foi neste ambiente que, em 1974, surgiu a Image Bank, mas orientando a gestão de arquivos de imagens exclusivamente para as áreas comerciais, com especial incidência no campo da publicidade.

Para esta empresa, a Image Bank, existem dois tipos de necessidades em termos de procura de imagens: aquelas ditas genéricas, que podem ser usadas em qualquer parte do mundo, e outras específicas sobre características de determinado território.

O uso do chocante: Em 1998, na categoria *Public Services*, vingou um filme tremendo: Um homem no parque começa a ouvir protestos e, por fim, gritos de uma rapariga que está, obviamente, a ser violada algures nessa zona. Aterrorizado com a ideia de se envolver em tal cenário, apressa-se a ir para casa sem olhar para trás. Quando chega a sua casa, ofegante, sente que tem as mãos molhadas, talvez transpiradas. Mas não...estão manchadas de sangue! A campanha *"Doing Nothing is Taking Part"* é da Spring & Jakoby/Hamburg para a polícia, e tenta encorajar uma atitude menos passiva em relação ao crime.

Conteúdos erótico-sensuais: É sempre delicado buscar um apelo erótico para um produto. Porém, se isso for feito com inteligência e bom gosto, resulta e não choca. A génese do desejo sexual no cérebro dos homens foi decifrada, pela primeira vez, por um grupo francês. O resultado, publicado nos *Archives of Sexual Behaviour*, mostra que há cinco regiões cerebrais que entram em acção durante a excitação sexual. Os investigadores visualizaram-nas em funcionamento através de uma técnica de imagem *in vivo*, a tomografia por emissão de positrões. A activação do cérebro passa por cinco zonas distintas, antes de o indivíduo decidir passar à acção. Na primeira, a cérebro descodifica a imagem (os voluntários viram filmes); na segunda, avalia a agradabilidade da situação; na terceira, desencadeia reacções, como aceleração cardíaca e erecção; na quarta, há a consciencialização e na quinta, a decisão.

O mundo hoje é fortemente sexuado. A polémica da utilização da imagem das mulheres na publicidade, típica das sociedades ocidentais, não se coloca noutros países, por restrições morais, sociais ou religiosas. Veja-se o caso da Arábia Saudita, em que as restrições ao código de valores muçulmano obriga os anunciantes a fazerem uma publicidade muito diferente da que é feita no ocidente e para os ocidentais. No código de censura estão consagrados os princípios que governam a publicidade comercial na televisão. De acordo com o código da publicidade da televisão da Arábia Saudita nos anos 90, a figura feminina só deve aparecer em anúncios sobre a lida da casa ou sobre cuidados infantis. E deve verificar-se uma modéstia na voz, aspecto e movimentos. Para os publicitários com clientes na

Arábia Saudita, a adaptação à sensibilidade islâmica é um desafio. Entre os vários cuidados a ter é preciso que algumas legendas escondam braços e pernas em anúncios de imprensa. Noutras situações, os rostos femininos têm que se manter fora de campo, ou os ombros cobertos, especificamente para o mercado saudita. Durante o Ramadão tudo se complica. Um publicitário saudita diz que nesta altura as mulheres não são utilizadas. Mais de 270 milhões de dólares foi quanto valeu o mercado publicitário saudita de publicidade em 1995. O valor mais alto do médio oriente, segundo dados do centro de Pesquisa Pan Arab. O investimento em televisão local tem vindo a perder terreno para as televisões via satélite, uma vez que possibilita uma maior cobertura dos alvos. Os programas e a publicidade emitidas pelas televisões estatais sauditas são estritamente controladas, dado que o governo quer preservar os valores muçulmanos.

Homossexualidade e bisexualidade: Geralmente, nos festivais de publicidade há sempre algo de fascinante, novo, totalmente inesperado e diferente. Há movimentos, há militâncias e, sobretudo, há ideias que funcionam, comunicam de uma maneira mais eficaz e alteram as atitudes em relação a produtos, ou confirmam-nas. Quando as ideias encontram um eco, estimulam uma resposta na mente do consumidor: eis que nasce uma nova tendência. É claramente o caso da homossexualidade ou da bissexualidade.

Outrora tabu - especialmente na publicidade que pretendia ser vanguardista, mas afinal não queria ofender ninguém - o assunto está agora definitivamente "IN". Um videoclip de George Michael ridiculariza os que ainda mantinham pensamentos negativos em relação ao *gay power*. E tudo isto está a ser espelhado na publicidade europeia. Como testemunho desta situação veja-se o exemplo do filme publicitário inglês, da autoria de Justin Hooper e de Christian Cotterill da Ogilvy & Mather/Londres para a Fusion, intitulado "Orgia" que, embora de uma maneira suave, mostra vários tipos de preferências sexuais. Num outro filme, feito pela mesma equipe para a Elida Fabergé, "Encouter", denota-se um bom exemplo da *gay culture* e da tolerância de uma sociedade cada vez mais permissiva.

Humor Negro: Este tipo de humor continua em fase ascendente em alguns países da Europa. Como exemplo, podem referir-se duas situações de filmes que retratam esta vertente da publicidade: numa, tem-se o exemplo de um homem de sucesso odiado por todos, a quem tudo corre bem, e que um dia lhe cai um piano em cima e ouve-se um comentário em voz-off: *"sorry!"*. Este personagem bebia diariamente Royco Cup a Soup. Num outro, temos um cenário de feira, em que um jamaicano atira uma bola de ferro para o ar e esta acaba por cair em cima de um cão irritante de uma senhora que desata a gritar. O jamaicano que atirou a bola que esmagou o pequeno caniche estava relaxadamente a comer um ... chocolate Mars...

Ideias Simples: Segundo Geoff Thomson, humor que ganha prémios é o humor universal. Para este gigante da publicidade, Cannes é o festival onde se observam as entradas mais representativas a nível mundial. Afirma também que cada vez mais serão as ideias simples que irão vingar tanto em prémios como em resultados.

A perfeição da naturalidade: Em contraste com o referido anteriormente, há filmes em que tudo se enquadra de forma extremamente perfeccionista.

Podem focar-se os exemplos do filme da Mercedes Benz em que se exibiam situações de embate entre seres humanos; o caso do filme da Reebok em que o *jingle* era um trecho de uma obra clássica e as imagens, em sépia, reproduziam uma situação da vida real, em que um jogador de basquete estava a treinar num espaço deserto e pouco decorado quando começa a chover.

Um outro trabalho que pode ser incluído neste pacote de anúncios realmente bem conseguidos, em que tudo parece estar em perfeita simbiose, é o filme da PlayStation pela TBWA/Londres, em que toda a mensagem do filme transmite *"it just grows on you"*. Retrata o ser humano e a amplificação dos seus sentidos para mundos nunca antes por si visitados. Este filme esteve na *short list* dos "Épica" de 1998.

Os efeitos do riso: O riso é um privilégio da raça humana mas, tal como afirma o Professor de Psicologia da Universidade de Harvard, William McDougall, "... além do mais, o riso tem a função biológica de ajudar a manter e o bem-estar tanto físico como mental". Esta ideia já era considerada no século XVII, quando o físico britânico Thomas Sydenhman assegurou aos seus congéneres que "a chegada de um palhaço a uma povoação faria mais pela saúde de todos os seus habitantes do que vinte asnos carregados de drogas". Anos mais tarde, Sigmund Freud atribuiu às gargalhadas o poder de libertar o nosso organismo de energia negativa, algo que ficou demonstrado posteriormente com diversos estudos científicos que provaram como o córtex – área que cobre os hemisférios cerebrais - liberta impulsos eléctricos negativos apenas um quarto de segundo depois de havemos começado a rir.

William Fry, da Universidade de Stanford, depois de realizar vários estudos, concluiu que a criatividade está também relacionada com o bom humor. Este especialista em questões de humor comprovou que as crianças riem, em média, 300 vezes ao dia até à idade de seis anos, altura em que a educação e as pressões sociais as fazem reduzir as suas expressões de alegria. Mas nem só a idade faz com que cada vez se ria menos: a sociedade também nos pressiona nesse sentido. De acordo com um estudo realizado pela Associação Internacional para a Renovação do Riso, em 1930, um adulto ria cerca de dezanove minutos diários; em 1980, seis minutos e em 1990 apenas três. Apesar de tudo, as pessoas continuam a ter a mesma predisposição para rir. Porém, os estudos feitos nesta área comprovam a seguinte teoria: quanto mais avançada é a cultura, menos as pessoas riem.

A repressão do riso já vem de longe. Com efeito, a gargalhada sempre foi contemplada como um atentado à autoridade. No entanto, esta repressão também se aliviou em épocas e momentos de tolerância. Assim, dedicaram-se períodos para a expressão de sentimentos de alteração de costumes e de desregração. As festas do carnaval ou a passagem do ano, por exemplo, são ocasiões em que quase tudo é permitido. Para Oscar Wilde, o mundo tem-se rido das suas próprias tragédias como único meio de suportá-las.

O uso de elementos supersticiosos: Os gatos pretos aterrorizavam Napoleão; Sócrates vivia obcecado pelo mau-olhado; Júlio César tinha pânico dos sonhos e Henrique VIII afirmava que um feitiço o tinha obrigado a casar com Ana Bolena...E até há bem pouco tempo, a concepção do mundo tinha mais de magia do que de ciência, mesmo para os grandes personagens da história.

Os psicólogos afirmam que acreditamos nas superstições porque, face ao desconhecido, sentimo-nos mais seguros ao explicar os perigos, crendo que assim temos mais possibilidades de triunfar em algo que não depende só de nós. Há determinadas coisas que não se podem explicar nem controlar e, nesse vazio, vai caber uma dimensão mágica, que de alguma forma garante a protecção", explica Vítor Cotovio, psiquiatra na casa de saúde do Telhal.

Muitos especialistas e estudiosos desta matéria definem a superstição como a necessidade de uma crença que dê sentido a tudo o que não compreendemos. Quando não encontramos o porquê de algum fenómeno, tendemos a procurar uma explicação através dos mitos e das superstições.

Segundo o escritor e licenciado em medicina Charles Panati, as primeiras superstições datam de 50.000 anos antes de Cristo. Segundo tudo indica, tiveram a sua origem no homem de Neanderthal, da Ásia Ocidental, cuja primeira crença supersticiosa foi a evidência de um "mais além". Enquanto o Homo Sapiens abandonava os seus mortos, o Homem de Neanderthal sepultava-os com armas, alimentos e carvão vegetal para que pudessem utilizá-los numa outra vida.

Os historiadores acreditam que a vida quotidiana do homem primitivo estava pejada de perigos e que, para combater esse caos diário, desenvolveu crenças e costumes a que atribuía poderes que o protegiam das más influências. Com o passar do tempo, as diferentes civilizações adaptaram essas superstições às suas necessidades sociais. Assim, por exemplo, na Idade Média, a concentração de superstições era imensa, e isso não acontecia exclusivamente nas povoações mais isoladas. A igreja atribuía estes costumes à sobrevivência das religiões pagãs. Tal como relata o historiador Jean Claude Smitt, teriam sido estes mesmos eclesiásticos que, obcecados com os presumíveis poderes diabólicos, acabaram por acreditar nas bruxas e em toda a parafernália dos seus conciliábulos.

Durante séculos, a vida continuou a ser azarada, sobretudo para as pessoas que viviam no campo, onde estavam expostas a uma maior quantidade de fenómenos imprevisíveis. Por este motivo, com o nascimento das cidades e o desenvolvimento da cultura, as superstições começaram a perder o seu carácter religioso, relegadas para o segundo plano de "meras crenças". E com o espírito racionalista do Século das Luzes, as superstições começaram a converter-se em banalidades, perdendo o seu cariz transcendental.

A maioria dos peritos desta área não considera que a crença nas superstições se reduza à medida que avança o desenvolvimento tecnológico. De facto, sociedades tão técnicas como a Japonesa ou a Alemã continuam a ser altamente supersticiosas.

Apresentam-se, de seguida, alguns exemplos de superstições.

Má Sorte

A maioria das superstições que ainda hoje permanecem vivas consolidaram-se através dos séculos para tratar de explicar a má fortuna casual dos seres humanos. Vejamos:

Varrer os pés de uma solteira ou de uma viúva: Significava que não se casariam. Esta superstição está relacionada com as bruxas e os seus veículos preferidos para assistir aos conciliábulos - as vassouras.

Abrir o guarda-chuva dentro de casa: A primeira notícia que se tem desta crença data do século XVIII, em Inglaterra, onde se acreditava que este simples acto trazia má sorte pela negatividade que existia entre o guarda-chuva e a casa, já que esta protege os seus habitantes e não tolera nenhuma protecção adicional. Se alguém o abria sobre a sua cabeça, supostamente morria antes de acabar o ano.

Derramar o sal: A sua origem data do ano 3.500 antes de Cristo, quando já se acreditava que o sal era incorruptível, razão pela qual se converteu em símbolo de amizade. Daí a crença de que, quando se desperdiça, a amizade acaba. Para contrariar este suposto efeito maldito, deve-se arremessar uma pitada de sal sobre o ombro esquerdo.

O gato preto: Ainda que no Egipto o gato fosse uma encarnação de deuses, séculos depois, a igreja católica considerou-o como uma reencarnação do diabo, pelo que eram queimados. O negro identifica-se com o diabo por ser a cor da noite. Na América do Norte e em quase toda a Europa crê-se que o gato preto trás boa sorte se caminha na direcção de uma pessoa, e má se afasta.

Começar o dia com o pé esquerdo: Já Petrónio aludia em "Satiricon", à má sorte de entrar num lugar com o pé esquerdo. Em Portugal pode ter a sua origem na tradição celta e no movimento solar, sempre para a direita. O efeito negativo elimina-se ao benzermo-nos três vezes.

Sexta-feira 13: Para o mundo Ocidental, a maldição do número treze tem origem na última ceia de Cristo com os doze apóstolos, em que Jesus foi traído. Acredita-se que se treze pessoas se sentam à mesa para comer, uma delas morrerá antes de um ano. O dia da semana varia - em Portugal e nos países anglo-saxónicos é a sexta-feira treze, por ser o dia da semana em que Jesus foi crucificado; em Espanha, no México e Grécia teme-se a terça -feira treze.

Partir um espelho: Diz-se que trás sete anos de azar. O espelho era um elemento mágico de divinação, pelo que quando se partia, era para não mostrar uma imagem aterradora do futuro. Sete anos é o tempo que, supostamente, levava a renovar-se um corpo.

Passar debaixo de uma escada: É por causa do triângulo que esta forma com a parede. Antigamente, pensava-se que todos os triângulos eram símbolos sagrados, tanto as pirâmides como a trilogia da Santíssima Trindade e, portanto, era um sacrilégio passar-se por debaixo desse triângulo. Crê-se que quando se passa, o mal é esconjurado cruzando os dedos, cuspindo uma vez debaixo da escada ou três vezes depois de cruzá-la.

O mau-olhado: Tradicionalmente acreditou-se que, ao fixarmos a pupila de um olho, podíamos ficar apanhados por ela. Desde a antiga Roma até à Idade Média, as pessoas com cataratas ou outro defeito visual eram frequentemente sacrificadas na fogueira.

Colocar a cama com os pés virados para a porta: Consequência do ditado popular, "os mortos saem sempre de casa com os pés para a frente".
Boa Sorte

A maioria das crenças que se relacionam com a boa sorte têm a sua origem na necessidade humana de ter o controlo sobre os imprevistos do futuro. Vejamos:

Os ossos de frango: Há 2.400 anos, o povo etrusco acreditava que tanto os galos como as galinhas tinham um verdadeiro poder divino, e que os seus ossos eram capazes de cumprir os desejos que se lhes pediam. Os primeiros porque anunciavam a chegada do dia, e as segundas porque anunciavam a chegada dos ovos com o seu cacarejo.

Cruzar os dedos: Antes da era cristã, existia o costume de duas pessoas enlaçarem os seus dedos indicadores, formando uma cruz para expressar um desejo. Um dedo apoiava o outro para que este se cumprisse. A cruz, na era pré-cristã, foi sempre o símbolo da perfeição e no ponto de união dos seus dois ramos residiam os espíritos benéficos. Este costume foi-se simplificando até aos nossos dias, onde se considera válido o cruzamento dos dedos de uma mão.

Dizer santinho ou saúde ao espirrar: Deve-se ao facto de o espirro ser o princípio de muitas doenças e, por isso, pedia-se a Deus que afastasse o perigo de qualquer infecção. Também se diz que era para evitar que o demónio entrasse no corpo pela boca.

Pendurar uma ferradura atrás da porta: Segundo os Gregos, o ferro em forma de meia-lua protegia dos feitiços, assim como a ferradura colocada na porta impedia a entrada das bruxas e do mal. Tradicionalmente, acreditava-se que as ferraduras que davam mais sorte eram as dos burricos, porque têm sete buracos, um número mágico por excelência.

Trevo de quatro folhas: É um símbolo sagrado para os druidas das Ilhas Britânicas, já que no ano 200 antes de Cristo pensavam que com ele se podiam ver os demónios. Segundo a lenda, quando Eva foi expulsa do paraíso levou um trevo de quatro folhas e por isso, desde então, acredita-se que esta planta dá sorte.

Atirar moedas para um poço ou para uma fonte: Tem origem no antigo rito divinatório de atirar alfinetes ou pedras a um poço, com o fim de saber se um facto se cumpria ou não. Se ao cair fazia borbulhas, significava que o que se tinha solicitado se iria cumprir.

Tocar na madeira: Uma origem possível tem a ver com os pedaços da Santa Cruz que se conservaram. Outra é oriunda dos Estados Unidos, onde há 4.000 anos os índios veneravam o carvalho como morada dos deuses.

Pata de coelho: A sua origem está na antiga crença de que cada povo descendia de um animal, que não podia ser caçado nem comido. Além disso, a pata de coelho era também um símbolo fálico capaz de tornar as mulheres férteis.

O grande peso cultural e social que as superstições têm torna-as distintas em função das latitudes. Actualmente, são os habitantes da China, do centro da Europa e da bacia do Mediterrâneo os que têm maior fama de supersticiosos, em parte devido à sobrevivência da cultura indígena. Em contrapartida, considera-se os habitantes nórdicos menos crédulos por causa do seu exacerbado racionalismo. Os estudiosos estabeleceram uma diferenciação de acordo com as diferentes culturas.

Na América do Norte, os seus habitantes são especialmente supersticiosos com a sexta-feira treze e com o mau-olhado. Crêem ainda que tocar na madeira os livra de eventuais malefícios, provavelmente porque parte dos indígenas americanos veneravam o carvalho, o qual teria um suposto vínculo com os deuses.

Na Europa, as superstições são praticamente comuns a todos os países salvo Inglaterra, onde existe uma tradição muito mais intensa - o costume de procurar trevos de quatro folhas, o medo de gatos pretos ou de nunca abrir um chapéu-de-chuva dentro de casa.

No Oriente, partilha-se o medo do mau-olhado. Na zona oriental da Rússia confere-se um poder exagerado às ferraduras, de tal modo que, em tempos, considerava-se o ferreiro como sendo um guru da magia branca, a ponto de os julgamentos ou matrimónios se celebrarem sobre as bigornas de ferrar.

CAPÍTULO 4

O SEGMENTO DA TERCEIRA IDADE

Para Peter Drucker, é um absurdo dizer que a população do globo vai duplicar. A população já chegou a um ponto máximo e está a começar a decrescer. A principal razão para o decréscimo da natalidade é a enorme carga de trabalho das pessoas em idade activa, que sustentam pessoas mais idosas, reformadas e que continuam em óptimas condições de saúde. Os Europeus cortam então onde podem, ou seja na natalidade - tácticas de sobrevivência Darwiniana. Segundo o autor, a idade de reforma em todos os países desenvolvidos tenderá a subir para os 75 anos. A maior parte das pessoas que chega aos 65 anos está em perfeitas condições para continuar a trabalhar. "Se a idade da reforma subisse para os 75 anos, os campos de golf e as praias mais conhecidas ficariam vazias" afirma Drucker.

Na Europa, a população está a envelhecer. Há menos crianças e mais celibatários - jovens solteiros que deixam o casamento para mais tarde - e viúvos que também vivem sozinhos. A população é cada vez mais urbana e o tempo disponível assume cada vez mais importância. As pessoas têm cada vez menos tempo e cada vez dão mais peso aos tempos livres, o que obrigará as empresas a criarem soluções para estas realidades.

O segmento composto por pessoas 'maduras' – acima dos 65 anos – é vasto e extremamente interessante, pelo que se torna um alvo apetecível para os publicitários.

No final do século XX, assiste-se à modificação do actual acento tónico na juventude. Para além de publicidade a hambúrgueres, "fast food", refrigerantes e jeans, começam a ver-se anúncios a residências para idosos, educação contínua e outros interesses associados a uma população idosa mais educada, rica e saudável. Explorar o segmento dos idosos deve fazer-se tendo em conta que as suas características particulares impõem algumas condicionantes na comunicação que os toma por alvo, muitas delas relacionadas com o próprio processo de envelhecimento.

Embora seja impossível meter todas as pessoas num grupo etário e atribuir-lhes as mesmas mudanças físicas e psicológicas, é verdade que certos fenómenos nos perseguem à medida que envelhecemos. Importa por isso tentar compreender os fenómenos que afectam a compreensão de mensagens pela população idosa, e os mecanismos ao dispor dos profissionais de marketing para os combater.

Qualquer estímulo nervoso que se receba através dos sentidos traduz-se num significado ou informação que é apreendido. Este processo de percepção e aprendizagem está sujeito a efeitos que, com o envelhecimento, diminuem a qualidade de aquisição de informação.

Da compreensão destas mudanças derivam algumas importantes directivas, tendo em vista uma comunicação mais eficiente com os idosos. A primeira é a importância de manter as mensagens simples. O princípio de publicidade, tão antigo - a simplicidade na mensagem - não poderia estar mais correcto quando se trata de comunicar com a população mais envelhecida. A segunda centra-se no não sobrecarregamento das mensagens, em que grande quantidade de informação é dificilmente assimilada. A terceira, apoiar as mensagens em aspectos familiares, refere-se a que quanto mais se utilizem mensagens repetidas e elementos de mensagens conhecidos do público-alvo, maior será a qualidade da comunicação. A quarta foca a importância da utilização predominante de elementos racionais, já que os mais idosos confiam mais no discurso concreto por oposição ao abstracto. A linguagem explícita, quinta directiva, deverá ser privilegiada face à linguagem implícita, em que se salienta a importância de se formar explicitamente o argumento central. É também importante atender ao efeito da persistência do primeiro estímulo, em que as informações dirigidas aos idosos devem ser apresentadas em primeiro lugar. Por último, sétima directiva, deverão utilizar-se, preferencialmente, os meios escritos, em detrimento da rádio ou da televisão.

O sistema de memória trata do reconhecimento e da chamada de volta (*recall*) de acontecimentos anteriores, palavras, imagens e outros tipos de estímulos, ligando interacções do dia-a-dia com o que nos rodeia. Para comunicar eficazmente com os idosos, devem tomar-se em consideração alguns aspectos-chave e enquadrá-los nas formas de comunicação seleccionadas, das quais se podem realçar: "deixas" visuais são mais recordadas que sílabas isoladas; devem utilizar-se as tarefas para ajudar a memória, oferecendo instruções para o armazenamento das mensagens, usando expressões como por exemplo "é como"; devem usar-se contextos para a apresentação da mensagem, conferindo um grande envolvimento ou recordando experiências muito agradáveis; quando a comunicação implicar tarefas relacionadas com a memória e devem oferecer-se mecanismos de apoio usando frases como "lembra-se do seu..." ou "...imagine o seu ...".

Não se sabe exactamente qual é o melhor intervalo de tempo para a assimilação correcta e total de uma mensagem publicitária, mas estipula-se que quanto mais lento for o seu desenrolar, melhor.

O segmento da terceira idade possui necessidades muito específicas, que podem ser exploradas pelos publicitários na elaboração de mensagens promocionais especificamente direccionadas a este público-alvo. Vejamos algumas:

Conforto: A preocupação com o conforto torna-se uma preocupação chave;

Segurança: Há uma necessidade implícita de protecção que aumenta com a idade;

Conveniência: Tornar a vida fácil aumenta o valor da vida dos consumidores idosos;

Sentido de dever: As pessoas idosas mostram uma tremenda necessidade de se sentirem úteis;

Ligações sociais: A relação apropriada de produtos ou serviços

Independência: As pessoas idosas detestam depender de outros indivíduos no seu dia-a-dia, tornando-se importante proporcionar-lhes uma maior independência;

Sensualidade e romance: Existem muitas oportunidades de marketing para a satisfação destes desejos, muitas vezes esquecidos.

O conceito de "última viagem": Com a idade, muitas pessoas têm a necessidade de uma maior espiritualidade;

Heróis/Modelos aspiracionais: As pessoas que são modelos de envelhecimento bem sucedidos, podem ganhar uma atenção rápida e uma associação a valores positivos;

Experiência: Provocar sentimentos relacionados com a experiência do ser;

Nostalgia: Os temas nostálgicos são frequentemente usados e constituem uma abordagem de posicionamento muito efectiva.

Para além dos pontos acima mencionados, que encontram maior sensibilidade junto do consumidor da terceira idade, torna-se necessário, aquando da elaboração de conteúdos para este segmento, cuidar outros aspectos do *marketing mix,* por forma a promover uma melhor comunicação e incentivar o consumo.

Falamos, pois, dos seguintes aspectos:

Produto: Os idosos necessitam de produtos específicos que respondam às necessidades do seu grupo etário, resultantes de modificações no seu estado de saúde, no seu rendimento, na quantidade do seu tempo livre e, até, na modificação dos seus interesses.

Preço: Os idosos são normalmente muito sensíveis ao preço e especialmente às comparações de preços com produtos similares, aparecendo como um *target* ideal sempre que se pretendam usar estratégias de preço ou de penetração, ou através da criação de linhas de produtos brancos, marcas próprias e genéricos.

Distribuição: As principais preocupações devem ser com a acessibilidade, conforto, segurança e conveniência. Os percursos, a localização dos produtos e, em geral, todas as informações devem estar claramente sinalizadas. Os parques de estacionamento devem ter zonas reservadas aos idosos, junto das suas entradas. Devem, igualmente, ser criados transportes especiais para irem buscar os idosos aos seus locais de residência e as barreiras arquitectónicas e de acesso, como escadas e portas pesadas, devem ser evitadas.

CAPÍTULO 5

O PLANEAMENTO
DA CAMPANHA PUBLICITÁRIA

Aquando da elaboração de uma campanha e após o *briefing* inicial fornecido pelo cliente, é costume efectuar-se uma reunião de *brainstorming* onde participam as equipas criativas, de planeamento de meios e execução, os *accounts* que irão trabalhar na conta e outros elementos da agência de publicidade, por forma a que se consiga dar início ao processo criativo de concepção da peça promocional.

O Brainstorming é uma técnica para reuniões de grupo que visa ajudar os participantes a vencer as suas limitações em termos de inovação e criatividade. Criada por Osborn em 1963, uma sessão de *brainstorming* pode durar desde alguns minutos até várias horas, consoante as pessoas e a dificuldade do tema. O *brainstorming* tem quatro regras de ouro: nunca criticar uma sugestão, encorajar as ideias bizarras, preferir a quantidade à qualidade e não respeitar a propriedade intelectual.

É um facto curioso, mas as crianças podem tornar-se excelentes consultoras de criatividade. A Microsoft, a Levi's Strauss e a MTV aderiram aos denominados consultores infanto-juvenis, utilizando a criatividade da criança através de um processo de *brainstorming* para promover a associação de palavras a sensações, objectos, situações e sentimentos, que depois serão utilizados nas campanhas e nos filmes publicitários.

Na elaboração da campanha e durante a sua exibição, há que ter em atenção uma série de factores que poderão ser determinantes para o seu sucesso, nomeadamente a notoriedade da campanha, seja ela espontânea ou assistida, e o lugar na hierarquia de preferências que o produto anunciado passa a ocupar na mente do consumidor por via da campanha.

Há quem considere que um elevado índice de notoriedade das campanhas é sinónimo de eficácia. Na prática, esta situação nem sempre corresponde à verdade, porque há anúncios a produtos que nunca conseguiram grandes resultados de vendas, mas que as pessoas recordam durante muitos anos., ou seja, trata-se de peças que não conseguiram alterar o comportamento do consumidor no sentido desejado.

Quantas vezes estamos fora de casa, longe da televisão, e ouvimos o *jingle* de um anúncio que nos é familiar...Talvez já o tivéssemos ouvido inúmeras vezes, mas a marca simplesmente não nos vem à cabeça.

Juntamente com o *jingle*, flashes de imagens invadem a nossa tela mental e, em conjunto com a música, tais imagens começam a fazer sentido. De um momento para o outro, é como se tivéssemos a televisão mesmo à frente dos nossos olhos e a visionar aquele filme publicitário que, por qualquer razão, ficou marcado e foi absorvido pelo nosso sistema de memória. Porém, acontece que não conseguirmos associar aquela obra-prima a uma marca, a um serviço.

Como exemplo, recorde-se um filme que, em Dezembro de 1999, passou em quase todos os canais portugueses para a marca Bruit, em que se podia ver um casal numa sessão de destruição total do lar, num jogo de romance, paixão e sedução, tendo por detrás uma música como que feita única e exclusivamente para as imagens do mesmo. Podia sentir-se uma comunhão quase que perfeita entre as imagens e o som. Porém, sempre que estavam longe da televisão e o mesmo filme era transmitido, as pessoas reconheciam a música, recordavam perfeitamente as imagens, mas nunca se lembravam da marca.

Um outro exemplo de um filme semelhante foi o realizado para o desodorizante AXE, em que um homem conseguia expulsar todos os ratos de uma cidade e que, por não ter sido pago convenientemente, fazia alguns disparos do seu spray desodorizante AXE e a cidade entrava em histeria amorosa. Com grande impacto visual e auditivo, este anúncio obteve uma péssima *performance* em termos de notoriedade da marca. Todos se lembravam do flautista, dos ratos e da música, mas poucos recordavam qual o produto que estava a ser promovido.

As campanhas devem assim ser muito bem pensadas e planeadas por forma a promover as marcas e aumentarem a sua notoriedade e a predisposição ao consumo junto do público, e não apenas constituir um veículo para promoção gratuita da agência de publicidade que a cria. Para além do já falado desperdício de recursos, a elaboração de campanhas não eficazes pode, em ultimo caso, resultar no abandono da agência de publicidade pelo cliente, como sucedeu no caso da Subaru, empresa construtora de automóveis que, perante os maus resultados consecutivos de vendas decidiu mudar de agência, escolhendo a Wieden & Kennedy. Esta escolha foi considerada, por muitos, como surpreendente e arriscada, já que a reputação *new age* desta agência de Oregon assentava apenas no seu talento criativo e na publicidade para os ténis Nike.

A má combinação da cultura empresarial entre agência e cliente não podia ser maior e haveria de provar-se fatal. A empresa e os seus representantes locais deram-se conta que a agência publicitária em questão estava mais interessada em criar publicidade inteligente do que em promover as vendas, o que resultou num óbvio e conflituoso divórcio, com impacto ainda mais negativo sobre as vendas da Subaru.

CAPÍTULO 6

ALINHAMENTO INTERNACIONAL OU PUBLICIDADE LOCAL?

Há alguns anos falava-se em globalização de estratégias de marketing e de produtos. Por razões de rentabilização de custos, alguns produtos exibem o mesmo posicionamento, seguem as mesmas estratégias de promoção e distribuição e exibem preços muito semelhantes em vários países distintos.

De acordo com Rosabeth Moss Kanter, as tecnologias de informação deram origem a uma verdadeira aldeia global. Para os gestores, o termo significa a integração mundial das actividades de uma organização. É uma etapa mais avançada da internacionalização, em que os processos são organizados à escala global, como se o mundo fosse um único país.

Theodore Levitt foi o primeiro guru a alertar para a homogeneidade global das preferências dos consumidores. Num artigo publicado em 1960 na *Harvard Business Review*, este autor refere o conceito de *Marketing Myopia*, no qual uma indústria é um processo de satisfação do cliente, em vez de produção de bens. Defende também o conceito de marca global e acredita que todos os produtos podem ser vendidos à escala global, devido à progressiva homogeneidade das preferências e hábitos de compras dos clientes.

Na Europa, foi a partir do Mercado Único que, com a normalização das marcas, a importância dos alinhamentos se acentuou. Pretende-se que os produtos sejam o mais semelhante possível e hoje até se luta para que haja igualdade de preços. De acordo com João Belo, num mundo cada vez mais pequeno, sem espaço para estilos tradicionais de vida isolados da frenética sociedade de informação em que vivemos, parece inevitável que a publicidade seja cada vez mais transcultural.

Vejamos o exemplo seguinte, que nos fala de uma estratégia de alinhamento internacional extremamente bem sucedida.

O gel de banho Sanex, desenvolvido pela Cruz-Verde Legraín, subsidiária local da multinacional Sara Lee Corporation é um bom exemplo disso. O sucesso do lançamento do produto, em meados dos anos 90 em Espanha, revolucionou a categoria de *Household & Body Care*, trazendo uma nova dinâmica competitiva ao mercado, que viu as vendas aumentar, de forma continuada e sustentada por vários anos. A decisão de expansão para outros mercados Europeus fazia sentido, e foi sugerido o uso da mesma campanha, com o mesmo posicionamento e mensagem publicitária: 'Dermoprotecção a um preço acessível e disponível num supermercado perto de si'. A recusa do Reino Unido em acordar num alinhamento internacional, preferindo uma estratégia local e considerada mais afim das particularidades, características e preferências inglesas foi um erro que obrigou à retirada do produto do mercado: o gel de banho re-baptizado de 'Santé' simplesmente não vendia. O seu re-lançamento, sob o nome – inicialmente rejeitado - Sanex e seguindo a estratégia espanhola foi um sucesso.

Outras marcas, como é o caso de grandes tabaqueiras como a Philip Morris, a Camel ou a Winston e multinacionais como a Nestlé ou a General Motors apostam também numa comunicação igual para todo o mundo, ou para determinado continente, entregando as suas marcas a uma ou duas agências de publicidade.

É também necessário entender que uma estratégia Global nem sempre é acertada. Por vezes, há que proceder ou a pequenas alterações que vão de encontro às preferências locais, ou mesmo a reformulações integrais de campanhas, por forma a que se cumpram os objectivos de notoriedade, *share* de mercado e, em última análise, vendas. De facto, considerando que não existem dois mercados iguais, os comportamentos de compra são tão individuais como as impressões digitais, sendo, por isso possível, para certos produtos e/ou serviços, proceder-se a uma diferenciação geográfica. Os clientes sabem-no e as empresas devem respeitar as suas expectativas.

Veja-se por exemplo, o caso da Índia, com uma infinidade de segmentos, com várias morais ou confissões religiosas e que utilizam cerca de dezasseis línguas diferentes. Não admira, por isso, que as agências de publicidade estrangeiras prefiram criativos locais, detentores dessa vivência multifacetada que o grande país asiático proporciona.

Já no Japão, e ao contrário dos apartamentos da Europa, a organização do espaço com apenas 35 metros quadrados é perfeitamente original e a sua ocupação integralmente aproveitada até ao último milímetro. Um europeu descobre um novo conceito de espaço que lhe era totalmente desconhecido até então. O quarto de dormir, equipado com os tradicionais Tatamis (esteiras em palha de arroz prensado), serve ao mesmo tempo de sala de estar. Nota-se a ausência de janela dupla, a presença de um aparelho móvel de ar condicionado e a cozinha reduz-se a uma *kitchenette* encastrada, sem forno, mas munida de um fogão a gás com duas placas eléctricas. A casa de banho é ladrilhada e a água do duche permanece dentro da banheira por vários dias, sendo utilizada mais de uma vez para um banho, aquecida, se necessário, por uma resistência a gás. A esta realidade diferente terá necessariamente de corresponder uma estratégia de comunicação apropriada e tanto as empresas como as agências de publicidade sabem-no.

A publicidade tem como uma das suas bases principais a cultura da região ou país para onde ela se destina. Também é verdade que o mundo está cada vez mais global. Porém, querer extravasar outros produtos e serviços de modo a publicitá-los a nível mundial poderá ser um pouco insensato.

A Coca-Cola, cujos produtos e embalagens, bem como a sua estratégia de posicionamento e distribuição são uniformizados em todo o mundo, opta frequentemente por efectuar uma promoção que difere ligeiramente de local para local. Assim, é comum definir a multinacional como operando segundo uma estratégia multilocal, no que diz respeito ao tipo de promoção dos produtos que comercializa, convenientemente adaptado a situações e a mercado locais.

Em 1998 a MTV tentou reconquistar o mercado asiático com um serviço de 24 horas, versões com músicas diferentes em cada um dos países alvo, e um cuidado extremo para que os seus programas não ofendessem as sensibilidades locais, sem perderem o travo picante com o qual se tornaram famosos.

Outro exemplo de companhia multilocal é o da multinacional Levi's Strauss, que quando promove uma campanha publicitária segue estratégias de marketing distintas para os mercados Europeu e Americano, procedendo inclusivamente a campanhas publicitárias diferentes.

Esta diferenciação geográfica é motivada por um distinto posicionamento num e noutro continentes: enquanto que na Europa os produtos Levi's são colocados a um preço elevado, apelando a um *target* com maior poder económico, nos Estados Unidos da América, em virtude do seu preço inferior, dirigem-se a um público mais abrangente.

Antes de se tomar a decisão entre criar uma nova campanha adaptada ao mercado local ou optar por uma estratégia global é necessário compreender a envolvente sócio-cultural do mercado, caso contrário podem correr-se erros graves cujas consequências poderão levar à retirada das campanhas do ar ou mesmo a uma retracção pública por parte das marcas, o que é algo que deve ser evitado a todo o custo, pelo impacto negativo que apresenta sobre a sua reputação. Vejamos alguns exemplos em que tal sucedeu:

MARTINI

Apesar da Finlândia se ter comprometido em liberalizar a publicidade a bebidas alcoólicas desde a sua adesão à Comunidade Europeia em Janeiro de 1995, as autoridades deste país censuraram o filme publicitário à marca Martini.

O Ministério Finlandês da Saúde e dos Assuntos Sociais considerou excessivo o *spot* televisivo da Martini, que também esteve presente nos canais de televisão nacionais. O anúncio em causa mostrava um homem misterioso de óculos escuros, que oferecia uma taça de Martini a uma jovem acompanhada por um magnata de meia-idade. Seduzida pelo Martini

Man, a beldade loira abandona o seu acompanhante. Quando se levanta, o seu vestido fica preso numa cadeira e vai desaparecendo até exibir parte das nádegas da modelo. Para as autoridades finlandesas, este *spot* publicitário revelava uma mensagem em que a bebida alcoólica sugeria atracção sexual e social, para além da mulher ser vista como um objecto sensual, sem valor.

A censura ao anúncio provocou uma grande polémica nos meios de comunicação social. Por parte da Martini Rossi, as reacções também se fizeram sentir. Giovanni Parosino, porta-voz da marca de bebidas italiana, argumentou em defesa do *spot* televisivo concebido pela agência de publicidade McCann Erickson.

NIKE

A marca de material desportivo Nike teve de retirar um dos seus modelos de sapatos de ténis do mercado por razões culturais. Os criadores desta empresa, tentando criar um desenho original para o produto Nike Air, moldaram as letras deste modelo da Nike (Air) de tal forma que podiam confundir-se com a palavra Alá, o que incomodou o Conselho de Relações Americano-Muçulmanas. Com o sucedido, a

Nike comprometeu-se a retirar do mercado todos os seus sapatos desportivos deste modelo e comprometeu-se, ainda, a apresentar desculpas à comunidade Islâmica.

COCA-COLA

Um anúncio para a Coca-Cola, feito pela Publicis de Londres para a Publicis da Rússia, não foi muito bem sucedido porque troçava de lendas Russas, o que não foi bem recebido culturalmente. Foi como se roubassem algo que era sagrado. Quando se trabalha com algo tão culturalmente delicado, corre-se o risco de não se ser nem compreendido nem aceite. O filme foi o "Firebird".

Para terminar, é de notar o imperativo absolutamente indispensável de uma concepção e planeamento estratégico eficiente. Quando se opta por uma estratégia local é necessário dar grande atenção a todos os aspectos históricos, culturais, sociológicos e funcionais. Por exemplo, tem de se evitar a todo o custo erros ortográficos, a utilização de figuras ou imagens não características do país, a recorrência a fases-chaves ou provérbios de outras nacionalidades, o uso de iconografia, histórica ou religiosa, errada e imprecisões histórico-políticas.

PEUGEOT

Numa campanha publicitária na Grã-Bretanha para a promoção das versões "Inca" e "Azteca" dos modelos 106 e 205 da Peugeot, a versão Inca tinha como *slogan* "o preferido dos mexicanos". O erro histórico e geográfico suscitou a ira da embaixada do Perú em Londres. O construtor francês apressou-se a apresentar as suas desculpas aos representantes peruanos e teve de retirar a publicidade incorrecta.

A emergência das novas tecnologias e a difusão da utilização da internet virá certamente revolucionar o conceito de estratégia global no século XXI, no que diz respeito à comunicação.

A um clique do rato, o consumidor poderá ter, à sua disposição, todo um conjunto «de particularidades e benefícios personalizados ao seu gosto e desejo.

CAPÍTULO 7

RELAÇÃO AGÊNCIA-CLIENTE

Perante a inexistência de uma relação directa entre a qualidade da publicidade e as vendas, cria-se uma relação de tensão entre o cliente e a agência. Segundo estudos feitos ao longo dos anos, a única relação directa que se estabeleceu entre a publicidade e as vendas é a de que a publicidade, na generalidade, estimula as vendas. Com o aumento da frequência de campanhas (tecnologicamente) interactivas, começa-se a ter a percepção da relação directa entre a publicidade) e os resultados desejados. No entanto, tomar a melhor decisão no momento oportuno implica um risco: existe a possibilidade de engano.

Bill Gates, presidente da Microsoft, garante que prefere contratar pessoas que já tenham errado. Para ele, os que cometem erros são os que mais arriscam, e são esses que "empurram" a empresa para o sucesso.

Lançar um produto ou serviço sem pensar numa

imagem estratégica significa incorrer em riscos comerciais. A importância da imagem e respectivo posicionamento tornam-se claros quando comparamos produtos em concorrência.

Analise-se, por exemplo, o caso das televisões. As diferenças, por vezes, não estão tanto nos produtos que oferecem, mas na forma como são oferecidos. Os aspectos cromáticos e rítmicos que definem uma imagem, assumem um relevo decisivo e traçam o sucesso ou o insucesso de um produto.

Será fundamental conhecer o alvo, perceber como se comporta, dominar as suas preferências, e também apostar correctamente na imagem com que melhor ele se identifica.

Significa isto que, a par de uma correcta definição do produto - que resultará do conhecimento das expectativas e necessidades dos consumidores - é necessário dominar o seu mundo de representações, compreendendo os estímulos capazes de lhes despertar a atenção.

CAPÍTULO 8

A COMUNICAÇÃO
E O CICLO DE VIDA DO PRODUTO

Em finais do século XIX começaram a surgir marcas que ficaram conhecidas em todo o mundo. Em 1863, dois americanos inventaram o pó Royal. As barras de chocolate Toblerone começaram a ser produzidas em 1968 na Suíça; em 1886, John Pemberton, um farmacêutico de Atlanta (EUA) vendia frascos de um xarope chamado Coca-Cola e doze anos depois, uma bebida idêntica, a Pepsi Cola, via a luz do dia na Carolina do Norte, pela mão de Caleb Bradham.

Para certos especialistas, os produtos que perduram são os que correspondem a alguns nichos de mercado, que também foram desenvolvidos com qualidade e que adquiriram uma característica de identificação muito forte com a própria cultura de uma região, de um país ou até de um continente.

O facto de uma marca sobreviver durante décadas,

obedece também a outros factores, tais como:

Natureza do produto: Existem produtos que são de tal natureza, que as inovações tecnológicas quase não os afectam, como sejam os vinhos, os leites e o azeite, por exemplo. Isto deve-se essencialmente ao facto de estes produtos serem basicamente de produção artesanal;

Comportamento da empresa: Não só para com o seu público externo, mas também dos seus dirigentes para com o seu público interno;

Satisfação de necessidades: Existem produtos que por si só não satisfazem somente necessidades sensoriais, funcionais ou geográficas, como explica Athayde Marques no livro Mercator. Para o consumidor, o conteúdo simbólico do produto é, muitas vezes, factor decisivo para a sua compra. Por exemplo, o relógio Swatch, ao ser usado como um acessório de moda, satisfaz sobretudo uma necessidade do tipo simbólica.

Modernização: As estratégias de prolongamento de vida de um produto passam pela modificação da sua qualidade, das suas características ou prestações, do seu "design" e da sua embalagem, juntamente com a forma de publicitá-lo.

Um produto deve satisfazer uma necessidade

permanentemente. A marca tem de estar atenta ao que o consumidor deseja, transmitindo-lhe fiabilidade e confiança na qualidade do produto, criando-se assim uma ligação efectiva e afectiva entre o consumidor e o produto.

A antiguidade dá prestígio. Transmite uma ideia de historicidade. A longevidade gera um clima de confiança, criando muitas vezes uma ligação afectiva e duradoura entre as duas partes.

De acordo com Philip Kotler em "Principles of Marketing", o ciclo de vida de um produto no mercado pode ser dividido em quatro fases:

Introdução: O produto foi lançado no mercado e o crescimento das vendas é lento

Crescimento: Há uma explosão da procura, uma melhoria dos lucros e o produto tende a massificar-se. Chegam novos competidores.

Maturidade: O ritmo de crescimento das vendas dá sinal de abrandamento. É uma fase em que as empresas tendem a entrar em guerra de preço e de publicidade.

Declínio: A procura entra em derrapagem, os lucros sofrem uma rápida erosão em direcção ao ponto zero.

Grande parte dos competidores começa a abandonar o mercado.

Lester Wunderman, na sua obra, *"Being Direct, Making Advertising Pays"* (Random House, NY, 1996), advoga que o consumidor e não o produto deve ser o herói. O produto deve criar valor para cada cliente e satisfazer as suas necessidades únicas. Para tal, a comunicação deve ser tão relevante para cada indivíduo quanto o produto ou o serviço. Nunca se pode chegar ao ponto de o cliente perguntar à empresa: "Porque devo usar este produto?"

A publicidade deve alterar comportamentos e não apenas atitudes. Os resultados da publicidade são cada vez mais mensuráveis e devem ser avaliados como um investimento rentável. Os clientes devem conhecer e sentir a marca como uma experiência que serve as suas necessidades individuais, enquanto que novos consumidores deverão ser sempre conquistados, numa perspectiva de fidelização.

Fred Wiersema, na sua obra Customer Intimacy (Knowledge Exchange, 1998), defende a promoção da intimidade para criar relações de parceria. A intimidade, por sua vez, só funciona se o produto for realmente útil para quem o compra.

O cliente compra a produtividade real que pode retirar de um produto ou serviço. Em seguida, é a simpatia que torna esse bem irresistível.

No seu livro *"Focus, The Future of Your Company Depends on It"* (Harper Business, 1996), Al Ries refere que a percepção da qualidade, fundamental para o foco (concentração de poderes onde é relevante), depende de quatro critérios: O primeiro é o efeito do especialista. Um médico de clínica geral recomenda um especialista para uma doença grave. Mais ou menos qualificados, o que importa é que os clientes confiem em especialistas. O segundo é o efeito da liderança, em que os consumidores julgam que o produto que mais vende é o melhor. Tornar-se líder de mercado e comunicá-lo ajuda a manter o foco. O terceiro é o do efeito preço: quanto mais elevado, melhor o produto na percepção do público. Por último, o efeito do nome que permite diferenciar o produto.

CAPÍTULO 9

ESTRATÉGIAS DE COMUNICAÇÃO: A OPINIÃO DOS ESPECIALISTAS

Stan Rapp e Thomas Collins, no seu livro *"The New Maxi Marketing"* (McGraw Hill, 1994) concluem que é necessário adoptar uma postura de divulgação e não de venda. A tentativa de persuasão dos anúncios gerou um desinteresse geral pelos mesmos. O cliente quer decidir por si, sem ser persuadido, mas informado. A imagem da empresa será tanto mais reluzente quanto mais benefícios reais oferecer para além dos "slogans" declamados.

Assim, a dupla Rapp & Collins, sugere o seguinte:

Não venda, divulgue. O habitual bombardeamento publicitário gerou um desinteresse geral. O cliente está farto da conversa do vendedor. Prefere decidir por si próprio. Antes de vender é preciso divulgar muito bem um produto.

Ofereça benefícios reais. É mais favorável para a imagem de uma empresa realizar algo junto dos seus clientes do que declamar *slogans* em anúncios. Se não se criar um elo de comunicação credível, o consumidor dificilmente comprará os produtos.

Ofereça valor acrescentado sem sacrifícios para o consumidor. Os clientes querem tudo pelo menor preço possível. Não abdicam da qualidade e do serviço. Pequenos suplementos inesperados podem justificar diferenças de preço face aos concorrentes.

Promova a colaboração entre clientes e a organização. A empresa deve estimular os clientes para que realizem algo com ela, criando clubes ou realizando eventos para os seus sócios. Desta forma, geram-se comunidades de interesse em vez de meras relações utilitárias.

Para Jack Trout, na sua obra *"The New Positioning"* (McGraw Hill, 1996), o último cenário de guerra no marketing trava-se na mente do consumidor. Esta é limitada, não pode processar uma infinidade de estímulos, recusa as confusões nas mensagens, é insegura, imutável e com tendências para se dispersar. Porém, várias tácticas podem derrubar estas barreiras naturais.

A empresa pode atacar o lado emocional. É preferível mostrar um bebé em segurança num automóvel equipado com pneus da marca X do que pneus X só por si. Apelar para experiências pessoais, tais como situações de fome ou cansaço desperta a atenção de um cliente na mesma situação.

A simplicidade é a Segunda Regra de Ouro. Um telemóvel demasiado complexo ou com tarifas reduzidas em horários difíceis de memorizar não venderá bem. Os produtos complicados são rejeitados. Conceitos confusos também não são bem aceites: um desodorizante com vitaminas, embora ambos sejam populares isoladamente, só geram confusão na mente do consumidor. Alguns dos conceitos mais poderosos baseiam-se numa só palavra, como é o caso da marca de automóveis Volvo, geralmente conotada com segurança.

O posicionamento adquirido é difícil de alterar. A Coca-Cola por exemplo, não conseguiu uma adesão à nova cola. A fórmula original foi preferida. A Volkswagen não convenceu os americanos que conseguia fabricar automóveis grandes, caros e rápidos. Existem aqui várias ratoeiras que levam as empresas a desleixarem-se num posicionamento de sucesso: a extensão da linha ou novos produtos podem enfraquecer a imagem de marca na mente do consumidor. As velhas receitas usadas na publicidade tornaram-se também menos eficazes, e novos instrumentos de comunicação, como a telecompra, estão em ascensão.

Os programas de televisão que retratam o quotidiano real de um conjunto de pessoas são cada vez mais uma receita de sucesso e de audiências. Como exemplo destes programas/concursos, em que transparece a vida de personagens reais (cobaias!) que são filmadas durante todo o dia podem citar-se os mais mediáticos, tais como o "Big Brother" e o "Survivor".

O sucesso de séries sobre o desconhecido também é conhecido, veja-se o exemplo dos Ficheiros Secretos, e deverá ser uma tendência a ser explorada quer em programas televisivos, quer nos novos formatos em que os filmes publicitários serão transmitidos.

CAPÍTULO 10

MEIOS TRADICIONAIS
DE COMUNICAÇÃO

Imprensa

Há quem defenda que, a informação veiculada na imprensa é considerada como a informação publicitária mais completa e detalhada.

Prós: Atitude concentrada do receptor face ao meio; possibilidade de utilização como veículo informativo; maior tempo de exposição; contacto directo com o público (encartes, cupões de resposta...); cobertura a nível nacional, grande flexibilidade (regionalização, segmentação, variedade de formatos e localizações); excelente veículo para eficaz identificação do produto; garantia de memorização do *head line* utilizado na campanha; possibilidade de boa reprodução de cores; *budgets* pouco elevados para um mínimo de impacto.

Contras: Baixos índices de cobertura, sobretudo em alguns segmentos da população; custo por contacto, sobretudo se se pretender de forma repetida e diferente da tradicional; flexibilidade de audiência a cada suporte obriga a uma maior diversificação dos suportes seleccionados.

Rádio

O meio rádio tem sido injustamente subestimado, em termos de investimento publicitário. Este meio entra voluntariamente na vida das pessoas provocando reacções espontâneas de memória.

Prós: Possibilita a obtenção de elevados níveis de repetição (segmentação do público alvo, regionalização, escolha de períodos horários específicos); possibilidade de estar com uma fortíssima concentração publicitária; baixo custo por contacto; não saturação publicitária da maior parte dos suportes; características técnicas que permitem uma rápida concretização do planeamento; excelente meio para diálogo directo com o público; elevada capacidade de exploração musical; baixos custos de produção e *timings* de produção muito curtos.

Contras: Baixos níveis de cobertura; fraca identificação/demonstração do produto; rápido esgotamento da comunicação utilizada.

Outdoor

A mensagem tem de se render ao formato: uma imagem grande e única que estará num determinado local por um determinado tempo – geralmente curto. O *lettering* tem de ser grande e legível e a mensagem extremamente curta e directa, sem margem de manobra para explicações ou quaisquer considerações, para ser lida em movimento, de relance e imediatamente entendida pelo consumidor, o qual, na maior parte das vezes, se encontra a desempenhar outras tarefas que requerem alguma da sua atenção, como conduzir, falar ao telefone, conversar, passear o cão ou mesmo pensar no melhor percurso que o leve ao seu destino final.

A Benetton usa o Outdoor como meio privilegiado de promoção da roupa que vende. Apostando em campanhas únicas e distintivas, com modelos de fisionomias originais e não estereotipadas vestidos com cores garridas e chamativas, tem conseguido manter a imagem de unicidade e originalidade no mundo da moda. A utilização numa das suas campanhas de nus e modelos amputados, bem como de ícones com significado religioso chamam a atenção para causas o que lhes granjeou a reputação de disruptivos, tendo causado uma boa cobertura nos media, e, em resultado, impactado a notoriedade da marca e o seu volume de vendas.

Prós: Possibilidade de boa penetração; não requer atitude de selecção por parte do receptor; elevados índices de repetição; eficaz identificação de produto; excelente meio para *reminder* da comunicação utilizada noutros meios, reforçando os níveis de notoriedade obtidos; flexibilidade (regionalização, dimensão, forma – cartazes, zepelins, spectacolor, painéis rotativos, mobiliário urbano...).

Contras: Meio fraco para a veiculação de mensagens publicitárias sofisticadas; condicionamentos técnicos de produção que exigem um planeamento de longo prazo, com elevados custos de produção

Direct Marketing

O conteúdo deverá ser objectivo, já que as divagações apenas servem para desviar a atenção, para confundir, aborrecer ou mesmo irritar. Os consumidores sabem que, quando uma empresa lhes escreve, é porque, na maior parte dos casos, lhes quer vender algo.

A proposta deve ainda destacar aspectos que ajudem a uma decisão favorável: a credibilidade do produto, o grau de satisfação conseguido pelos que já compraram, garantias contra defeitos ou problemas, exclusividade da distribuição, nomes famosos que o recomendam. Uma boa proposta comercial é a que consegue criar expectativas, entusiasmo e desejo de compra. A criatividade é sempre um aspecto altamente importante. Por exemplo, em 1996, a companhia aérea Portuguesa TAP concebeu um mailing onde se ouvia um som de um avião a levantar voo quando se desdobrava a carta.

Porém, o Direct Mail não se resume a invenção de brindes ou de ofertas. É preciso encontrar o tom certo .para redigir uma mensagem escrita. E, por isso, é necessário conhecer os gostos, tendências e hábitos do consumidor alvo. Espicaçar a sua curiosidade. Surpreendê-lo com conhecimentos sobre as suas preocupações ou desejos.

Estruturar uma carta para vencer não é fácil. Um conhecido especialista em direct marketing publicou alguns conselhos para melhorar as mensagens, no que diz respeito ao seu conteúdo e forma: frases e palavras inúteis deverão ser suprimidas; as frases deverão conter de 10 a 15 palavras no seu máximo; o vocabulário deve ser simples; os verbos no passivo e no futuro devem ser substituídos pelo presente e pelo imperativo; substituir o impreciso pelo concreto e utilizar verbos de acção. Há também erros que se podem evitar: a familiaridade injustificada ou a carta impessoal não dão bons resultados; jogos de palavras, humor mal aplicado ou mensagens intelectualizadas podem não ser apreciados pelos alvos; mesmo termos demasiadamente técnicos são de evitar.

É insensato esquecer que, por detrás de cada cliente, enquanto gerador de receitas, está uma pessoa. E tratá-lo como tal não é apenas tratá-lo com educação: significa surpreendê-lo mesmo que não existam objectivos comerciais a cumprir.

A segunda regra de ouro consiste em provocar emoção no cliente potencial. A alegria, o optimismo e as expectativas que se transmitem têm um peso muito grande no resultado final.

Em terceiro lugar, é preciso criar e manter uma relação forte com o mercado, e não apenas criar impacto com mensagens publicitárias.

As reacções ao direct marketing podem ser imediatas ou não. Sejam quais forem, são sempre importantes para as empresas, já que são as respostas aos seus contactos. Vão ajudá-las a compreender quais os verdadeiros motivos de sucesso ou de insucesso das campanhas e a apurar os tiros certeiros e os erros cometidos. Todo este conjunto de respostas vai permitir às empresas empreenderem toda uma política de acções quer de *feedback* quer de *follow up*.

Cada cêntimo investido em comunicação deve

traduzir-se em lucros e o direct marketing é uma das formas mais fiáveis para o conseguir. Desde que bem feito, a sua eficácia pode ser mensurável, porque origina respostas directas. É sempre possível conhecer a exacta rendibilidade das campanhas. Este é um forte argumento face aos outros meios publicitários.

Os produtos mais anunciados pelo direct mail nos anos 80 e 90 foram os livros, produtos alimentares, bebidas, vestuário e utilidades domésticas, mas a tendência é para se alargar a outros produtos e serviços, porque o marketing directo é também um meio excelente para fidelizar.

Há autores que defendem que a fidelização era a obsessão dos anos 90. Se os produtos oferecem cada vez menos vantagens competitivas, é na forma como são tratados e no contacto regular com o público-alvo que se estabelece, que pode estar a sua mais-valia. No direct marketing, o ponto primordial é criar oportunidades de contacto. De acordo com os conselhos de especialistas, deve destacar-se a principal vantagem: prometer o benefício mais importante no primeiro parágrafo, ampliando-o imediatamente; salientar o que o cliente vai ganhar; reforçar a oferta com exemplos; sustentar as suas afirmações com provas e testemunhos; dizer ao cliente o que tem a perder se não responder; mencionar, com outras palavras, os benefícios mais importantes na oferta final; incitar à resposta imediata.

Prós: Selectividade, já que permite escolher com rigor o público-alvo; pormenorização, por permitir uma apresentação mais detalhada; personalização, por poder ser endereçado para realçar o destinatário de entre um colectivo anónimo; dificuldade em ser ignorado, dado que um mailing bem concebido chama a atenção e conserva-se na memória; versatilidade, pois que quase tudo o que pode ser distribuído pelo correio, pode integrar um direct mail; perdurável, tendo em conta que uma mensagem enviada por direct mail permanece sempre à mão durante o tempo que o interessado quiser; planeável, por permitir, com toda a precisão, escolher a altura ideal para o envio da mensagem; facilidade de resposta, em que para além da informação, o mailing pode conter um elemento de resposta-cupão, sobrescrito "rsf" ou remessa livre; mensurável, visto que a publicidade directa origina respostas directas e permite conhecer a exacta rendibilidade das campanhas; aperfeiçoável, dado que as acções seguintes podem ser melhoradas; testável, pois que uma campanha de direct mail permite a realização de testes prévios a várias hipóteses de mailing.

Televisão

Num país – Portugal - onde existem mais lares com

televisões do que com frigoríficos, a televisão torna-se um meio de comunicação muitíssimo apetecido pelos publicitários, que consideram este como um meio privilegiado de divulgação de mensagens, produtos e serviços.

Com o alargamento da oferta de canais televisivos via introdução da televisão por cabo, a importância deste meio viu-se aumentada e cada vez mais desejada pelas agências. Em Portugal, a sua introdução foi efectuada pela empresa TvCabo, que permitiu aos portugueses uma rápida adesão a este novo conceito, apesar de ser um serviço pago, concorrendo directamente com os quatro canais nacionais e com as antenas parabólicas, percepcionadas pelos consumidores como alternativas gratuitas.

A televisão por cabo, ou "planeta na palma da mão", é também garantia de qualidade na transmissão, por utilizar um vulgar fio de cobre para difusão do sinal, ao contrário da TV 'usual' que se propaga pela atmosfera, sujeita a flutuações de sinal por condicionantes meteorológicas ou de distância à antena emissora. Esta característica granjeou-lhe um mercado acrescido: houve quem se convertesse em assinante apenas pelo aumento da qualidade do sinal, apesar de os seus interesses continuarem a ser, sobretudo, os canais nacionais, mas com recepção deficiente.

A alta receptividade portuguesa à oferta televisiva favoreceu a difusão daquele novo produto. Para além de construir mais uma alternativa, oferecia uma proposta diferenciada e alargada: o leque inicial de 30 canais incluía canais para diferentes tipos de utilizadores consoante as preferências - informação, ciência, programas infantis, filmes, música, etc...Os canais Panda, Hollywood, Odisseia, Sol e Discovery, por exemplo, contam já com anúncios dedicados aos públicos que constituem os seus alvos preferenciais.

O alargamento da oferta televisiva permite que este meio se posicione como um produto que visa o mercado global, investindo em canais com programação específica, segmentada em termos de audiências e também em termos geográficos, permitindo despoletar campanhas nas línguas nacionais para onde os programas são emitidos e devidamente adaptados às características e preferências locais. *Pay-per-view, teleshopping, vídeo on demand* ou telejogos são conceitos que têm vindo a crescer em notoriedade e nível de utilização, demonstrando assim que a aldeia global pode ser cada vez mais pequena.

A receptividade dos portugueses às inovações tecnológicas é uma realidade que tem vindo cada vez mais a ser comprovada. No entanto, com o aumento da panóplia de canais oferecidos, verifica-se uma dispersão dos consumidores de canais nacionais para os ditos *cable channels*.

De entre todas as possíveis hipóteses de anunciar na televisão surge ainda a televenda, que consiste em anunciar um determinado produto na televisão, pondo-o, simultaneamente, à venda através de um número de telefone directo. Este tipo de publicidade ou de comércio existe em Portugal desde 1993, e está hoje em diversos canais de televisão nacionais e internacionais. O método consiste em comprar espaço televisivo de baixa audiência a preços reduzidos preenchendo-o com filmes publicitários, onde os produtos são detalhadamente demonstrados. É preciso saber escolher os produtos, produzir o *spot* e criar ou contratar uma estrutura para acompanhar as vendas.

Um produto televendido tem que ser inovador. O telespectador só compra por "telemarketing" um produto que acredita não existir em mais lado algum. Também se deve considerar o perfil do telespectador deste tipo de publicidade.

As donas de casa são das poucas pessoas que podem ver televisão durante a manhã e a meio da tarde. Daí se explica que os produtos de maior procura sejam, por exemplo, os conjuntos de panelas e de tachos.

Prós: Meio audiovisual de grande impacto; possibilita elevados níveis de qualidade e penetração em todos os segmentos da população; cobertura internacional; flexibilidade (selecção de períodos de horários, variedade de tipos de programas, escolha de durações, diferentes formas de estar, como por exemplo: patrocínios, concursos, etc.); resultados rápidos em termos de cobertura e de impacto; baixo custo por contacto; excelente veículo para demonstração do produto.

Contras: Saturação publicitária; planeamento a longo prazo; elevados custos de produção, tempo curto de vida de um filme publicitário; maior fragmentação de audiências, distribuídas por um maior número de canais oferecidos e consequente diminuição de *share* de audiências.

Cinema

Os anunciantes regressam às salas de cinema. A exploração deste meio deve-se à poluição publicitária nos diversos canais de televisão nacionais e internacionais. A crise do cinema, em grande parte provocada por falta de público, diz-se ter acabado. A abertura de novas salas, com melhores condições, voltou a atrair as pessoas, muito em especial o público mais jovem que, para Reis (1997) é um dos públicos mais difíceis de agarrar pelos anunciantes.

A poluição da publicidade na televisão também contribui para a crescente procura do cinema como meio de publicidade. Os anunciantes estão cansados de ver os seus produtos baralhados em extensos blocos publicitários, pondo em causa a sua eficácia. O êxito que o cinema começa a assumir está relacionado com a sua qualidade, nomeadamente ao nível do som e da imagem.

Um estudo realizado na Dinamarca, com o objectivo de descobrir de que forma o cinema afecta o anúncio e o anunciante, retirou a seguinte conclusão: assistir ao bloco publicitário faz parte de todo o cenário, de todo o acontecimento que é ir ao cinema. Essa experiência de qualidade é transferida para a publicidade a que se assiste. Consciente e inconscientemente, a percepção do público aumenta o valor de filmes publicitários exibidos em salas de cinema.

O cinema e a televisão são meios com funções diferentes, mas podem complementar-se. Em Portugal, ainda não há muitos estudos sobre este suporte audiovisual; no entanto, estudos efectuados na Dinamarca relatam que os custos de exibição de filmes publicitários em cinema variam de acordo com o público-alvo. Do ponto de vista de investimento, é mais caro do que anunciar na televisão, do ponto de vista meramente quantitativo, no que se refere ao custo por mil contactos. Mas o contacto com os espectadores é qualitativamente diferente, refere Reis (1997). Para este autor, o cinema proporciona contactos seguros e credíveis, onde o espectador está cativo quanto ao que vai assistir. Ainda, segundo a opinião deste especialista, todos os produtos que se posicionam para um público mais jovem, estão, ou começam, cada vez mais, a ser anunciados no cinema. Só os bens dirigidos às donas de casa é que não se adequam a este meio.

Os sectores automóvel, alimentar, as bebidas e a banca são alguns exemplos de sectores anunciados no cinema. E Reis (1997) afirma: "A publicidade nas salas de cinema nunca será excessiva, de forma a não saturar".

Para que os resultados positivos possam ser obtidos, é necessário contar com a qualidade da produção do filme publicitário, porque este, para ser vendido, necessita simultaneamente, de uma boa história e de uma boa qualidade técnica, quer ao nível da imagem quer no que respeita ao som. Não é por acaso que um número razoável de produtores e realizadores de filmes publicitários destinados também ao cinema, preferem o recurso à película, apesar de esta representar custos muito mais elevados do que a gravação em vídeo.

O cinema tem características muito particulares que podem ser estrategicamente consideradas na filtragem do perfil do público. Entre elas, a sazonalidade, tendo em conta que o período com mais altas frequências de cinema corresponde ao regresso de férias, mais especificamente, no último trimestre de cada ano.

Outra peculiaridade claramente visível nos dados de bilheteira e corroborada pela primeira recolha do Bareme (estudo feito a este suporte, pela Marktest - questionário sobre cinema, relativo ao primeiro semestre de 96), diz respeito às regiões geográficas.

Grande Lisboa e Grande Porto representam mais de metade da audiência total de cinema. As estreias são geralmente brindadas com as maiores afluências de espectadores.

Se o projecto acalentado pelo IPACA (Instituto Português de Artes Cinematográficas e Audiovisuais) de informatização total das bilheteiras for concretizado, a informação relativa ao número de espectadores por sessão será muito mais fiável.

Prós: A percepção do público aumenta o valor dos filmes publicitários; proporciona contactos seguros e credíveis; pode ser dirigido a diversos segmentos de público.

Contras: Custos mais elevados, número de visualizações dependente das audiências do filme e cartaz, reduzida atenção por parte do espectador.

Internet

Trata-se de um meio com uma expressividade cada vez mais crescente, em virtude da emergência e penetração das novas tecnologias no tecido social. Só no primeiro trimestre de 1998 foram investidos 351 milhões de dólares em publicidade na internet, dados estes revelados pelo Internet Advertising Bureau, dos quais 27% em produtos e serviços informáticos, 25% em consumo, 14% em telecomunicações, 13% em serviços financeiros e 10% em novos média.

Em 11 anos de existência, a banda de rock americana Widespread Panic nunca teve um videoclip exibido na MTV ou um disco classificado entre os primeiros 200 da Revista *Billboard*. Ainda assim, conseguiu uma invejável legião de fãs e até recusou convites para abrir shows dos Rolling Stones.

O ano passado a banda vendeu em apenas quatro minutos todas as entradas para quatro shows num teatro de 4.700 lugares em Atlanta. "Os R.E.M. e Elton John conseguem fazer isso, mas poucos mais o conseguem!", afirma Edgar Neiss, Director Geral da Fox em Atlanta.

O sucesso do grupo ilustra o potencial do *marketing* voltado para as origens, principalmente quando essa estratégia se associa à expansão da internet nas universidades americanas.

O grupo usa a internet para levar a que os fãs, a maioria entre os 20 e os 35 anos, façam parte do seu dia-a-dia. No princípio do mês, por exemplo, os fãs tiveram a oportunidade de enviar mensagens aos elementos da banda que se encontravam num estúdio de gravação, e de saber o que tinham comido ao almoço, através de uma e-página do grupo constantemente actualizada. O empresário da banda afirmou que o crescimento do tráfego da nova e-página do grupo - também esta desenhada por um fã - ajudou a aumentar as vendas de

100 mil dólares em 1996 para cerca de 350 mil dólares em 1998.

A internet torna-se um meio cada vez mais apetecido junto dos consumidores e também das empresas como forma de divulgação em massa de produtos, bens ou serviços. O banner é a forma mais comum de publicidade na internet, tomando geralmente a forma de um rectângulo na página. A forma mais utilizada de venda deste espaço publicitário é o custo por mil impressões ou, em alternativa, o custo associado ao número de visualizações, que pode ser monitorizado tendo em conta dados de utilização. Anunciar num motor de busca ou num website de informação geral é normalmente mais barato que anunciar, por exemplo, num website de tecnologia ou de informação médica.

No Portugal dos anos 90, o processo de identificação das audiências de um website resumia-se ao levantamento do número de visitantes do respectivo site. Muitas empresas pensavam que o facto de terem determinado número de visitantes era suficiente para justificarem a venda de publicidade. No entanto, existiam empresas que confundiam o número de visitantes reais com o número de ficheiros requisitados, ou outras que utilizavam formas de influenciar os resultados, como contabilizar o acesso a todas as páginas e apresentá-lo como número de visitas.

O problema das audiências tem sido encontrado por muitas empresas quando pretendem anunciar através de banners em sites externos devido à falta de informação relativa ao tipo de visitantes desses sites. É portanto imperativo, por parte das empresas que têm sites e que colocam espaço nos mesmos à disposição de outrem, iniciarem-se na tarefa da quantificação e qualificação dos seus visitantes: identificar as suas preferências, área geográfica, classe social e outros factores relevantes para quem estiver interessado em anunciar em tais páginas electrónicas.

Planear uma campanha para que a publicidade seja apenas vista por utilizadores de determinados websites a partir de determinados países é hoje perfeitamente possível, assistindo-se assim a uma segmentação eficaz e eficiente do público-alvo que, por sua vez, possibilita uma maior customização da campanha. A auditoria da publicidade na internet é também um factor chave e como tal, a grande maioria das empresas deste sector já recorre a serviços externos que permitem verificar o real número de impressões.

Nos E.U.A. e em alguns países europeus a observa-se a proliferação de agências especializadas para mediar o processo da venda ou cedência de espaço publicitário em websites, pelo menos nos de maior audiência.

Quando uma agência especializada gere o espaço publicitário de diversos sites consegue, em geral, vender esses espaços como um todo ou por blocos, conforme o caso, e disponibilizar ao anunciante uma forma de controlar e auditar a sua publicidade. Quando os websites tentam angariar anunciantes, cada um *per se*, não há critérios de medição consistentes, não há auditoria e, em geral, o mercado não é credível.

Enquanto a publicidade na televisão obriga a separadores que façam a ponte entre os produtos da estação e a publicidade, na internet, está tudo conjugado, fazendo talvez com que a publicidade temática seja assimilada subliminarmente.

A internet tem vindo a transformar-se num poderoso instrumento para reunir informações sobre os gostos do consumidor. A sua expansão está a abrir um vasto campo de exploração aos publicitários, que já descobriram na publicidade "on-line" enormes vantagens sobre os meios de comunicação tradicionais. Os clientes potenciais estão apenas distantes de um clique do rato na página de um anunciante. A empresa pode vender, conseguir "feedback" sobre produtos ou obter informações valiosas sobre os seus clientes. Publicidade, relações públicas e departamento de vendas acabam por se fundir no ciberespaço.

Para além da World Wide Web trazer vantagens competitivas no acesso à informação, permite também às empresas obterem um retorno imediato dos clientes e identificar potenciais novos compradores.

Os profissionais de marketing procuram cada vez mais aproveitar a interactividade na net para acumular informações sobre o mercado e as características do seu público. A forma de o fazer depende mais de princípios éticos e da criatividade do que de um departamento tradicional de marketing directo.

A internet é um meio mais sofisticado já que pode saber-se quem está a consultar as páginas e a possibilidade de diálogo directo e em tempo real é um tipo de funcionalidade cada vez mais usado. A nível internacional, a internet tem vindo a aumentar de volume de audiência em cerca de 2 milhões de pessoas por mês.

No inicio da introdução da internet em Portugal, os resultados das vendas publicitárias eram reduzidos. Encontravam-se mais banners a dizerem "anuncie neste espaço" do que vendas reais de espaço publicitário. Já em 1999, mais de 250 mil utilizadores, ou cerca de 80 mil foram registados mensalmente no nosso país, na sua maioria estudantes, comunidade científica e empresários, estando, no entanto, a alargar-se cada vez mais a um público mais vasto. Existem já navegadores a começar as suas viagens virtuais a partir dos 10 anos de idade ou mesmo antes - estes serão os clientes do futuro. Quando a animação (imagem e som com qualidade digital) começar a popularizar-se na web, o marketing terá de lidar com uma potencial televisão interactiva.

Nos Estados Unidos da América, a situação é

bastante diferente, estando este meio muito mais disseminado. Em 1996, o volume de investimentos publicitários na internet era, segundo a Jupiter Communications, da ordem dos 200 milhões de Euros e, fora dos E.U.A., de cerca de 5 milhões.

Prós: As vantagens deste novo meio são muitas e bem marcantes. A forma interactiva de comunicação e a grande quantidade informativa disponível a partir de um clic num banner publicitário; sem limite de tempo nem horários; atinge o público-alvo exacto - os banners são lançados conforme as buscas dos utilizadores e o clique nos mesmos depende dos interesses de cada utilizador; Ainda é um meio que permite não só a cobertura dos média (publicidade grátis), como a medição exacta da visibilidade da publicidade, com informação sobre a atractividade e origem do utilizador, entre outros. A customização e personalização dos conteúdos é uma outra enorme vantagem competitiva deste meio que possibilita às empresas criarem e manterem uma relação *one-to-one* com os seus consumidores finais, para além de poderem adaptar ou mesmo criar novos produtos e/ou campanhas para produtos já existentes, baseados nos dados recolhidos sobre as preferências dos seus consumidores.

Contras: Quanto às desvantagens, elas são evidentes: baixa penetração mas algo específica: classe média e média-alta, e necessidade de uma grande adaptação por parte dos anunciantes - muitas novidades, novos meios, novos intervenientes, novas tecnologias...

A chave da publicidade na internet passa fundamentalmente por atingir, da forma mais precisa possível, o *target* em causa. Porém, não existem informações concretas sobre quem visita determinado website. Um outro problema centra-se na discrepância entre os dados apresentados pelos responsáveis dos websites e o número real dos seus visitantes. Algumas agências, tal como a Initiative Média, criaram programas para tentar colmatar estas variações para que, ao apresentar dados o mais precisos e concretos possíveis, os anunciantes se sentissem motivados a utilizar este meio.

CAPÍTULO 11

O FOCO DA PUBLICIDADE
NOS ANOS 80 E 90: A TELEVISÃO

O planeamento de uma campanha de publicidade consiste em definir o objectivo específico e o mercado que pretende atingir. Em seguida, é necessário gerir da melhor forma o orçamento para se atingir o *target* pretendido, com um desperdício mínimo de contactos.

Com a existência de um número limitado de canais televisivos, a mestria não necessitava de ser elevada; porém com a entrada no panorama mundial de canais privados via cabo ou satélite, esta tarefa tornou-se altamente especializada.

Os preços para a inserção de "spots" publicitários variam consoante o canal e são proporcionais aos níveis de audiência dos programas. Se se considerarem estes preços muito elevados, pode sempre optar-se pelos patrocínios, que consistem em associar a marca a um determinado programa de televisão, geralmente através de cartões publicitários no início e no final do programa patrocinado, e de um *spot* publicitário junto ao mesmo. Esta forma de inserção publicitária é interessante, porque, para além de trazer prestígio à marca, torna-se também mais acessível, nomeadamente em programas de grande audiência ou com um "target" mais específico.

As séries televisivas

Depois das telenovelas, as séries são os programas que mais têm captado o interesse do público juvenil e não só. Temas familiares, situações do quotidiano, humor e boa disposição são os factores que são dados como os principais motivadores de tão vasta audiência.

As pessoas têm a tendência de se colocarem na pele das personagens, e os programadores não se esquecem desse facto na hora de comprarem essas séries para posterior transmissão na sua estação televisiva.

De entre os pontos essenciais para a tomada de decisão quanto à compra de programas televisivos deverá realçar-se a avaliação do seu potencial para ser um sucesso junto ao público. Para tal contribui o peso do elenco (as caras mais conhecidas), o horário a que se destina e, inevitavelmente, os custos. Para além disso, na base da aquisição das séries ou qualquer outro programa estão, a sua qualidade e actualidade.

Frequentemente, as boas séries televisivas passam num horário extremamente tardio. Os média não estão, por vezes, interessados no que o telespectador sente ou pretende. O seu principal objectivo é o lucro. Assim, apostados em atrair segmentos muito concretos, dão enorme relevo à faixa horária de maior audiência, mais conhecida por *prime time*, das 20h às 23h, colocando aí as séries cujas histórias se identificam com perfis sociais determinados. É neste período que assistimos a histórias que reflectem os costumes e conflitos quotidianos, com todos os problemas da sociedade em que vivemos.

Embora não exista uma receita infalível para o êxito de uma série, a verdade é que há todo um conjunto de pontos a considerar para conquistar o telespectador. Entre eles, poderão mencionar-se:

Um bom argumento, que conte situações do quotidiano com as quais nos possamos identificar. Com efeito, a proximidade cativa e leva o espectador a mostrar-se mais atento aos temas que lhe são familiares.

Finais felizes capazes de induzir boa disposição e que façam esquecer os grandes problemas da vida de cada um. Devem sempre evitar-se os assuntos que possam ferir ou serem susceptíveis de ferir algum sector da audiência.

Temas que incluem elementos melodramáticos, ou que tocam aspectos mais sérios com impacto social, ou ainda ligados a grupos profissionais específicos.

Histórias que possam chegar a todo o tipo de públicos. Geralmente procura-se o factor comum: a família.

Desenvolvimentos de fácil apreensão, para que o espectador não se perca na trama.

O elenco. Quanto mais famosos forem os actores, mais público atraem.

Episódios de narrativa fechada, ou seja, terem princípio meio e fim. Ainda que preocupados com a continuidade da história, há que dar um corpo à história.

Simplificação dos diálogos, que devem ser directos para não provocarem confusão ou deixarem dúvidas. Tanto as personagens como as situações e os cenários devem identificar-se com facilidade.

Introdução de elementos esotéricos. Tudo o que está ligado ao misterioso universo do desconhecido exerce uma grande atracção sobre o público. *Aliens*, guerras espaciais, fenómenos paranormais ligados ao esotérico e ao transcendental têm sido explorados pelos produtores e realizadores. Uma das séries que mais marcaram uma estação foi, sem dúvida, os Ficheiros Secretos, exibida pela estação Portuguesa, TVI. Série de culto, ganhou um vasto número de fãs desde o seu início.

A ditadura das audiências

O ambiente televisivo em 1999 era caracterizado pela "ditadura das audiências", que punha a nu a natureza comercial das televisões, inclusive a do Estado que, para sobreviverem, necessitavam de lucros publicitários que só surgiam com elevados índices de audiências, cativadas pelo sensacionalismo dos programas.

As pessoas não querem notícias mas sim histórias e quanto mais emotivas melhor. Esta conclusão, baseada em dados estatísticos sobre as audiências de determinados programas, subverte, não os critérios de selecção das notícias a apresentar, mas a forma como são apresentadas, ou seja, como se conta a história. Para Yves Eudes, jornalista do jornal Le Monde e produtor de televisão, com base nos seus estudos sobre os média Norte Americanos, os programas informativos tornaram-se espectáculos para cativar audiências e gerar dinheiro. Esta sua conclusão baseia-se em várias técnicas utilizadas pelos canais televisivos. As mais relevantes são as interrupções de programas com notícias chocantes de "última hora" e, antes dos jornais televisivos, a passagem de blocos de publicidade. No entender deste profissional, estas técnicas, aliadas á utilização, pelos jornalistas de uma linguagem típica de programas de divertimento, converteram programas informativos em *shows* de acção.

A Televisão Interactiva

Quando a televisão interactiva foi lançada no mercado provocou a maior revolução na área electrónica de consumo. E com tantas possibilidades de utilização, será cada vez mais difícil sair de casa. Apresentam-se, de seguida, algumas possíveis aplicações deste meio inovador:

Área do lazer: Acesso a *entreteinment on demand*, encomenda electrónica do programa a visualizar ou de qualquer outra forma de entretenimento electrónico, tais como o *video-on-demand* ou jogos variados.

Gestão Familiar: *Teleshopping*, serviços bancários e telefone com vídeo - ecrã e teclado - para ter acesso ao correio electrónico e a diversos serviços, como páginas amarelas e reservas de viagens.
Formação: Aprendizagem à distância, enciclopédia "on-line" e programas culturais.

Empresas: Comunicação através de videoconferência, acesso a várias redes de dados e a sistemas portáteis, arquivos digitais, escritórios electrónicos e aprendizagem à distância para formação de funcionários.

É empolgante pensar nas maravilhas que a televisão digital proporciona, mas melhor ainda é a televisão interactiva. De repente, com um simples teclado, é possível navegar na internet através da televisão, uma realidade que alterou definitivamente as audiências, os meios, os anunciantes e as estratégias de comunicação. As audiências são cada vez mais influenciadas pelos efeitos da geração internet, de alguma forma um dos papéis da que se denomina por geração Y.

Esta geração Y, de youth (ou N de net), é também um pouco a esperança de uma nova consciência para a sociedade de consumo em que vivemos. São os jovens nascidos a partir do início dos anos 70, filhos de famílias estáveis e pequenas, habituados pelos pais ao direito à escolha, habituados pelo mundo que os rodeia ao direito de ser feliz, que procuram uma vida de descoberta, resultado dos hábitos de navegação na net e que, por isso, começam a rejeitar as marcas massificadoras, aquelas que continuam a tratar a parte como um todo. Esta nova geração Y é exigente e tem um elevado sentido crítico.

CAPÍTULO 12

A PUBLUIÇÃO OU O EXCESSO DE PUBLICIDADE

Hoje não se sabe se é rentável e apreciado pelo consumidor o corte dos filmes e dos programas televisivos para a exibição de filmes publicitários.

A aparente espontaneidade de uma avalanche de anúncios publicitários no intervalo de um programa televisivo não é fruto do acaso. Não é por acaso que anúncios de aumentos de capitais se concentrem junto dos grandes telejornais da noite ou que, por exemplo, os sumos de fruta e chocolates se concentrem junto dos programas de desenhos animados.

O aparecimento dos vários canais privados fez com que o planeamento em televisão se tornasse numa actividade altamente especializada. Além dos simples cálculos sobre tabelas de preços, conta agora também a imaginação, a articulação de ideias e oportunidades.

De acordo com Tavares & Bustorff (1997), as atitudes

dos entrevistados face às mensagens publicitárias nos meios é variável, dependendo não só da tipologia em que os indivíduos se inserem, como também do conteúdo da própria mensagem. É o caso dos blocos publicitários inseridos no meio de um programa de extremo interesse para o indivíduo. De acordo com um estudo da JWT, se o conteúdo da mensagem publicitária estiver em consonância com o tema do programa, ela poderá ser visionada com igual atenção.

Pode definir-se a 'Ansiedade de Informação' como o resultado da distância cada vez maior entre o que compreendemos e o que achamos que deveríamos compreender. Quase todo o mundo sofre deste mal. Ouvimos sem escutar, lemos sem compreender e vemos sem perceber. Peter Large afirma em "The Micro Revolution Revisited", que no final do século passado produziu-se um volume de informações novas maior do que nos cinco mil anos precedentes. Cerca de mil livros são publicados no mundo por dia e o total do conhecimento impresso duplica a cada oito anos.

Diariamente, os meios de comunicação social procuram fornecer uma maior quantidade de informação o mais rapidamente possível. Somos assediados com relatos do mundo em quantidades impossíveis de processar. E, à medida que nos desdobramos para nos mantermos em dia com a corrida pela informação total e absoluta, ficamos mais permissíveis aos erros de percepção.

Quanto mais tempo investirmos em relatos de eventos distintos, menos tempo teremos para compreender os 'porquês' e os 'para quês' por detrás dos factos, para observar os padrões e as relações entre eles e compreender o presente no contexto da história. Em vez disso, somos tranquilizados por uma corrente de factos superficiais, ficamos entorpecidos, passivos e pouco receptivos devido a um excesso de dados que não conseguimos transformar em informação de valor, por não dispormos nem de tempo nem de recursos necessários para o fazer.

Para Wiliam Davis e Allison McCormack em *"The Information Age"*, dados são factos e informação é o sentido que os seres humanos atribuem aos factos. Elementos individuais de dados pouco significam por si mesmos. Só quando esses factos são agrupados ou processados, o significado começa a tornar-se claro. Comunicação em demasia pode resultar em ausência de comunicação. Talvez se possa aplicar o corolário de Don Juan à informação: quanto mais se seduz, menos se ama, ou seja, quanto mais se é informado, menos se sabe.

O excesso de publicidade (ou a "publuição") é um fenómeno cada vez mais quantificável nas sociedades modernas. Segundo Orrin Klapp no seu livro *"Overload and Boredom: Essays on the Quality of Life in the*

Information Society", apesar de tendermos a pensar que o tédio provém de um défice de estímulos (sub-carga de informação), ele também resulta, na verdade até mais frequentemente, de estimulação excessiva (sobrecarga de informação). A informação como energia tende a degenerar em ruído, redundância, banalidade, à medida que o cavalo veloz da informação ultrapassa o cavalo lento da apreensão do significado.

Se está provado que a publicidade, como forma de comunicação, influencia a compra de bens e serviços, também o seu excesso pode ser contraproducente, fazendo com que mesmo os filmes mais atrevidos e com enorme impacto passem despercebidos. Pode referir-se o exemplo do Japão, mais propriamente de Tóquio, em que o impacto da publicidade é brutal. Todas as superfícies livres são sobrecarregadas com todos os tipos possíveis de suportes publicitários: cartazes, placards, tabuletas, letreiros em néon ou ecrãs gigantes sobre os quais passam, 24 horas por dia, filmes publicitários.

Será então possível contornar este excesso? A resposta é afirmativa, desde que efectuado de uma forma inteligente. Agencias e clientes têm vindo a procurar soluções simples e originais de aumentar a notoriedade das marcas, jogando com diferentes estratégias de divulgação.

A publicidade dissimulada

Cada vez mais empresas apostam forte nos filmes para conseguirem penetrar de uma forma inteligente no inconsciente dos consumidores. A título de exemplo, a Apple pagou cerca de 12.5 milhões de Euros para entrar no filme "Missão impossível I".

A população mundial está já habituada aos anúncios publicitários que proliferam nas televisões, regra geral nos intervalos dos programas, através de um separador que avisa o período destinado aos mesmos. Porem, o *zapping*, as idas à casa de banho e a ausência temporária do local onde está o televisor nestes períodos torna-se cada vez mais uma preocupação para as agências de publicidade que tentam dirigir-se aos diversos públicos alvo e às próprias marcas que sentem não conseguirem comunicar de forma natural e credível com os seus públicos. Para combater esta situação, podem usar-se vários subterfúgios como os exemplos que se apresentam de seguida:

O humorista brasileiro Jô Soares, no seu programa "Jô Soares onze e meia", tinha na sua mesa um portátil que o ajudava a realizar o programa. Este computador é um IBM e existia um acordo selado entre esta marca e o apresentador.

A **BMW** conseguiu que James Bond trocasse o seu Aston Martin por um dos seus mais recentes modelos. O carro e o filme foram lançados em simultâneo, numa brutal operação de marketing.

Numa telenovela brasileira (Tieta do Agreste) uma personagem recebe, um cheque. Este, ao ser focado, vê-se com clareza que é do Banco Real.

A **Coca-Cola** quer colocar as suas riscas onduladas vermelhas do seu logotipo nas paredes do autódromo de Indianápolis, isto porque é proibida a existência de publicidade dentro do recinto. Desta forma a Coca-Cola pretende que os consumidores reconheçam um ícone que os poderá condicionar na escolha da sua próxima bebida.

A inserção da marca Pizza Hut no jogo de computador das "Tartarugas Ninja".

Os exemplos acima referidos são prova de que as marcas saltaram dos espaços tradicionais dos jornais, da televisão e das revistas para surpreender o consumidor da forma mais dissimulada possível. A busca da credibilidade, cada vez mais contestada nos tradicionais espaços onde esta costuma aparecer, é uma das razões mais poderosas para estas situações.

Quando os destinatários das mensagens lêem, vêem

ou ouvem um anúncio sabem que a mensagem é uma versão paga e unilateral de um produto ou de um serviço. Sabem também avaliar a qualidade de um *spot*. Mas quando um mesmo consumidor está numa sala de cinema e a personagem de um filme, que sobre ele exerce uma invisível influência, trabalha afincadamente num portátil da Apple, a percepção racional do consumidor em relação à publicidade à marca em questão é praticamente nula. Ou seja, a mensagem da marca de computadores passa de uma forma mais credível e alonga-se no subconsciente do consumidor. É como se a mensagem adquirisse veracidade. Assim, a publicidade ao ser inserida num enredo dramático ou num guião de uma peça de teatro, funciona quase sempre como a continuação de uma obra de arte, que ataca o consumidor mais desprevenido.

Veja-se o exemplo da cerveja Red Sripe, uma cinzenta desconhecida nos E.U.A. antes de Tom Cruise abrir um frigorífico cheio delas no filme "A Firma". A empresa pagou a módica quantia de 5 milhões de dólares pela cena e a marca passou a ser conhecida e comprada.

É ponto assente que as indústrias procuram os filmes para lançarem modas de consumismo. A situação mais curiosa é observar a forma quase subliminar e natural de como as marcas entram nos guiões. É que para que a mensagem realmente funcione, tem de haver muito trabalho por detrás e os realizadores não desejam que os seus filmes sejam apupados devido a possíveis desadequamentos de patrocínios.

Uma pesquisa feita pelo instituto McCollum Spelman referiu que, depois de testar 4600 filmes comerciais, mais de um terço deles falhou redondamente nos requisitos: memorização e persuasão.

CAPÍTULO 13

OS ESTUDOS DE MERCADO

Com o aparecimento da Telecel (actual Vodafone) no Mercado Português, a TMN começou o processo de perda de quota de mercado e de notoriedade, o que gerou conflitos internos. Para contornar esta situação, a TMN redefiniu quatro áreas críticas que necessitavam de intervenção imediata. Para tentar saber quais as verdadeiras necessidades dos seus clientes na área das telecomunicações, levou a cabo um estudo de mercado em que as conclusões serviram de suporte quer para o estabelecimento de uma nova estratégia de acompanhamento e satisfação dos clientes, quer para servir de base às suas campanhas publicitárias. Apercebeu-se então que os clientes privilegiavam, acima de tudo, a cobertura e a qualidade das ligações telefónicas.

Perante todo este cenário de mudanças a empreender, a última área a ser reestruturada foi a do serviço a clientes. Essa reorganização empresarial interna foi a razão apresentada pela empresa para a redução dos seus investimentos publicitários em 1994. Os seus responsáveis entenderam que não valia a pena cativar um fluxo de clientes para os quais não existia uma estrutura apta a corresponder às necessidades acrescidas.

Primeiro que tudo era necessário melhorar o serviço oferecido e só depois divulgá-lo. A situação do serviço a clientes era tão dramática que, por vezes, havia por exemplo, mais chamadas não atendidas do que as respondidas, situação esta que desincentivava o recurso à assistência.

TMN Spot

Filme com direcções de sucesso pré-estabelecidas: O sucesso do modelo "Mimo" impeliu a TMN a tentar novamente a sua sorte. Aproveitando a ideia do pré-pago, surgiu o modelo *"Spot"* dirigido essencialmente a um segmento jovem. O equipamento utilizado foi um grande factor de valorização - pequeno, com grande autonomia e da conhecida marca Ericsson. A grande inovação deste produto referiu-se à sua forma de pagamento. Foi o primeiro telemóvel em que o cliente não pagava na íntegra no acto da compra. Através do multibanco era feito um débito de 12 prestações da importância estabelecida. As características do produto aliadas ao tarifário das chamadas efectuadas a partir de sexta-feira, prolongando-se pelo fim-de-semana, fizeram com que estivesse perfeitamente adaptado aos consumidores mais jovens, resultando num sucesso de vendas.

Este é um exemplo de como se pode usar informação retirada de Estudos de Mercado para se identificar uma lacuna ou necessidade no universo de preferências dos consumidores. De um modo geral, os Estudos de Mercado são usados como forma de testar o produto ou serviço que ira ser vendido, bem como o tipo de campanha que poderá provocar uma reacção mais favorável junto do consumidor, maximizando a disponibilidade e a vontade para consumir.

A empresa Norte Americana Simmons & Co., fabricante de colchões, decidiu investir uma pequena fortuna numa grande campanha publicitária no Japão e prescindir de estudos de mercado. O lançamento do seu produto fracassou estrondosamente. A razão? Os Japoneses dormem em esteiras sobre o chão!

Existem disponíveis estudos e informação estatística na maioria dos países, que permitem ter-se um melhor conhecimento das populações e dos seus hábitos. Empresas como a Gartner e a Nielsen, só para citar uns exemplos, disponibilizam estes tipos de estudos. Em Portugal, a Marktest edita anualmente uma colectânea diversificada de informações estatísticas sobre Portugal e os portugueses, e reúne-a no livro: *"General and Marketing Facts"*. Nos diversos capítulos que integram o estudo (macroeconomia, comércio externo, actividade económica, tecido empresarial, população e indicadores sociais, consumo e estilos de vida, média e publicidade, internacional, guia de informação), a Marktest pretende dar resposta às principais necessidades de informação com que se deparam os gestores, quadros de empresas ou investigadores.

A grande era da informação é, na verdade, uma explosão de não informação, uma explosão de dados brutos. Para enfrentar a crescente avalanche de dados é imperativo fazer a distinção entre dados e informação. Informação deve ser aquilo que leva à compreensão. Para Claude Shanon e Warren Weaver, na sua obra *"The Mathematical Theory of Communication"*, informação é aquilo que reduz a incerteza.

O que os consumidores querem, a maior parte das vezes, não é o que eles dizem que querem ou, pelo menos, não corresponde à forma como o dizem. Até porque há uma inércia perfeitamente natural que, por vezes, leva a reagir negativamente a coisas que venham abalar convicções ou contrariar hábitos.

O gosto/não gosto, aceito/não aceito, avaliado em *research* tem de ser entendido à luz dos mecanismos e do contexto particular que intervêm na situação. É preciso ser capaz de se traduzir aspirações, receios e necessidades, sabendo que as palavras e as afirmações, numa situação de pesquisa necessitam de processos de descodificação. Ninguém está à espera que um consumidor comece a dissertar sobre as profundas emoções de trincar uma batata frita, ou sobre diversas evocações eróticas quando usa um certo perfume. Para essas descodificações existem os profissionais de comunicação.

Um "não concordo", aparentemente crítico, perante uma determinada peça de comunicação, pode significar que se está no bom caminho quando a ideia é romper com as actuais percepções sobre uma marca, por exemplo. É face aos objectivos de comunicação que os resultados da pesquisa ganham significado. E também, senão sobretudo, por permitirem avaliar riscos e percebê-los, para depois se decidir se vale ou não a pena corrê-los.

Em suma, o *research* tem de dar o salto para além do que é aparente, para funcionar como um instrumento adequado ao planeamento estratégico. Um plano, ou um qualquer modelo, tem de ser traduzido de forma clara e simples e, acima de tudo, tem de ser focalizado. Há que discriminar e que optar; há que estabelecer prioridades e ser capaz de escolher uma prioridade. Desta forma, os criativos têm uma orientação e um *framework*, permitindo-lhes trabalhar sobre a direcção correcta. Para profissionais da área, liberdade criativa é, no fundo, criar sem medidas e sem barreiras, num espaço que se conhece bem, porque foi previamente definido.

Tavares & Bustorff (1997) da J. Walter Thompson (JWT) realizaram um estudo para uso exclusivo da agência e marcas que trabalham sobre os hábitos e atitudes das pessoas perante os meios de comunicação.

A metodologia utilizada assentou em 1932 entrevistas, estratificadas por *habitat*, em localidades com dois mil ou mais habitantes, entre os 15 e os 50 anos de idade, na grande Lisboa e grande Porto. Além das variáveis sócio-demográficas tradicionalmente utilizadas, foram ainda considerados os momentos do dia, a actividade (comportamento) e o tipo/tema do programa no contacto, com os diferentes meios. Paralelamente, foram criadas quatro tipologias em que foram agrupados os entrevistados, consoante as suas tendências e atitudes perante a vida: conservadores /rotineiros; sérios/não impulsivos; ligeiros/curiosos e experimentalistas/ avançados. Uma das características provavelmente mais importantes deste estudo foi a de conseguir distinguir o grau de atenção dos indivíduos, através da sua atitude/comportamento durante o contacto com um determinado meio. Como exemplifica Ana Tavares, há uma grande diferença entre aquelas pessoas que têm a televisão ligada durante todo o dia só para fazer companhia, e as que a ligam durante 15 minutos, mas de uma forma voluntariosa e com um grau de atenção exclusivo, o que demonstra que os números brutos das audiências, por si só, não explicam a totalidade da realidade do consumo de programas televisivos e respectivas audiências.

Ainda em televisão, o estudo da JWT desmistifica as elevadas audiências das telenovelas e dos concursos. "Há programas com menores índices de audiências, mas que são visionados de uma forma mais atenta pelas audiências." O grau de atenção, que é determinado pela actividade que se tem durante o contacto com o meio, pode passar pela leitura, pela conversa, condução, trabalho ou, simplesmente, por nenhuma actividade.

Exemplificando: num contacto com um programa musical televisivo, 53% dos experimentalistas /avançados estavam exclusivamente atentos; 28% a comer ou a beber; 11.5% a trabalhar; 7% a fazer a lida da casa e 5% estavam a conversar. Este tipo de informações é de extrema importância ao nível do planeamento estratégico de meios. Ao ser definido o *target* de uma determinada marca, talvez uma só inserção, durante 15 minutos de atenção exclusiva seja mais do que suficiente para provocar a memorização.

Existem, na maior parte dos países desenvolvidos, empresas de consultoria em programação televisiva que fornecem análises qualitativa das audiências. Como exemplo, o "telédia", consiste numa sobreposição dos dados de audiência, minuto a minuto, fornecidos por outros tipos de empresas especializadas neste tipo de informação específica, com os conteúdos dos programa, também ao minuto, recolhidos das 8 às 24 horas, 365 dias por ano.

Da análise desta sobreposição é possível compreender as variações das audiências de todos os canais televisivos e a sua relação com os programas, permitindo não só detectar os pontos fracos e fortes da programação daquele dia, mas também as tendências dos telespectadores face a certos conteúdos.

Da análise qualitativa efectuada por aquelas empresas de consultoria, é possível aferir algumas tendências do comportamento dos telespectadores portugueses. Deste modo, concluiu-se, por exemplo, que o português tem uma relação furiosa com o seu telecomando durante a apresentação de blocos publicitários, bem como quando, durante os programas, surgem conteúdos musicais ou humorísticos.

Actualmente, a análise das empresas de consultoria leva a minúcia ao extremo, determinando os momentos altos e baixos de cada programa.

CAPÍTULO 14

FESTIVAIS E PRÉMIOS PUBLICITÁRIOS

Podem diferenciar-se dois tipos principais de festivais de publicidade: uns mais orientados para a criatividade publicitária e outros mais orientados para a sua eficácia. Os prémios de criatividade têm como objectivo estimular os publicitários para a produção de publicidade com padrões de criatividade cada vez mais elevados. Por sua vez, os de eficácia são baseados nos resultados que a publicidade gerou no mercado e exigem que os participantes apresentem relatórios detalhados provenientes destes resultados. Há, porém, outros tipos de festivais de publicidade, em que se avaliam em detalhe outros parâmetros ou técnicas publicitárias, como prémios para o humor, para orçamentos reduzidos e para publicidade em determinadas línguas.

Os critérios de avaliação dos trabalhos inscritos nos diferentes festivais variam, sendo lógico e previsível que estejam de acordo com os respectivos objectivos.

Quanto à constituição dos júris de avaliação, o critério também varia de acordo com os festivais. A maioria optou por um sistema composto por profissionais da área, incluindo criativos de renome. Muitas das vezes, incluem também outros elementos importantes da indústria em causa, tais como clientes, profissionais da área dos meios de comunicação social e profissionais da área comercial. O objectivo principal é conseguir ter um júri que a indústria respeite e que seja justo e objectivo nos seus julgamentos. Aliás, a importância de um festival reside em dois aspectos essenciais: no prestígio dos membros do júri e na cobertura mediática de que é alvo. A cobertura mediática de um festival é o que faz aumentar a sua notoriedade e, por consequência, a sua importância e prestígio.

Os prémios atribuídos nos festivais de publicidade são válidos quando contemplam a diferença, a originalidade, o risco e a criatividade, como meios para tornar uma campanha eficaz. Para uma agência, o efeito imediato é, fundamentalmente, imprimir no interior da agência uma dinâmica de manutenção consistente da qualidade e eficácia das futuras campanhas.

Os prémios têm três principais vantagens: em primeiro lugar, são muito motivadores para os criativos; em segundo lugar, ajudam as agências premiadas a recrutar talentosos profissionais criativos; por último, é bom para o negócio porque os clientes gostam.

Contudo, a importância que se lhes dá é, frequentemente, muito exagerada e o perigo de tudo isto é o que aconteceu nos anos 80, em que algumas agências se concentravam unicamente em ganhar prémios, sacrificando a preocupação com as vendas do produto dos clientes. A criatividade não é arte, mas sim uma forma para melhor ajudar os clientes a venderem os seus produtos.

Os prémios que realmente interessam são os relacionados com a eficácia das campanhas, tal como os que existem no Reino Unido, organizados pela IPA, atribuídos com base nos resultados obtidos.

Por vezes, o ouro premeia, sobretudo, as ideias mais loucas e divertidas, ideias criativas, inteligentes, ousadas e que fogem ao lugar-comum. Pode também vencer o humor, a ideia simples, perceptível por todos os países e raças. Pode acentuar-se o desaparecimento do copy que, no entanto, se pode perceber bem por detrás das grandes imagens ganhadoras. Os trabalhos premiados revelam frequentemente um cuidado extremo na escolha das luzes, das cores, do correcto tratamento da imagem, de toda a libertação da poluição visual e verbal que distrai e complica.

No final do concurso, pode chegar-se à conclusão de que a publicidade mais premiada foi, por vezes, a mais ousada. Mas para que esta seja uma realidade, é necessário que haja clientes corajosos para as aprovarem.

Muitos dos filmes apresentados em concursos apresentam soluções maravilhosas, fortemente apoiadas em reacções tipicamente humanas. Este é um ponto especial, uma vez que os criativos descobrem algo no comportamento humano e usaram de forma inventiva, conseguindo ligá-lo aos produtos e às marcas.

Os festivais de publicidade sobrevalorizam tendencialmente e frequentemente a criatividade, mesmo que ela seja gratuita. Tal como se referiu anteriormente, a publicidade não é arte, mas sim comunicação dirigida, comercial e que tem objectivos a atingir. Tudo o que subverta esta visão resulta em coisas muito bonitas, que ganham muitos prémios, mas que não conferem notoriedade à marca e que, por vezes, nem sequer foram usadas na prática.

Em 1985/1986, num painel realizado pela revista Marketing e Publicidade, dizia-se que a grande maioria dos filmes publicitários não vão a Cannes. Estes são os que vendem de facto o produto, trasbordantes de estratégia, mas com "zero" em entretenimento, em espírito ou em criatividade. Dizia-se que os filmes do festival não são os que vendem, mas os mais bonitos e os mais bem-feitos e que, por acaso, alguns até vendem. Afirmava-se, por fim, que em Cannes também se verifica a existência de muitas técnicas novas, muitas ideias fabulosas, mas que a estratégia fica para segundo plano. Porém, num artigo da mesma revista (datado de 1988), constava que os anúncios da Levi's e a maior parte dos outros anúncios americanos são campanhas com filmes premiados ao longo dos anos, e que têm o sucesso comercial correspondente.

Qual seria o verdadeiro objectivo dos festivais de publicidade se a publicidade premiada não vendesse? Há muitos esforços de originalidade, campanhas com muito destaque e que ganham prémios. Mas se não tiverem cumprido o objectivo de persuadir comercialmente, qual é o seu real valor? É possível imaginar a desilusão de um cliente que aprovou uma campanha que nada fez pela sua marca mas que, mais tarde, venceu um prémio de criatividade.

Não se podem premiar automaticamente anúncios que são anedotas filmadas, às quais qualquer produto pode ser associado. Não se está no *Show Business*, mas sim no negócio da Comunicação...Mas será que as fronteiras não se esbatem? Se tiver piada, se vender, e se seduzir o júri, porque não ser o anúncio premiado? Uma solução seria a dos jurados verificarem a existência de uma estratégia por detrás dos anúncios, de modo a serem premiadas as campanhas eficazes em que o herói é o produto, e não apenas a criatividade. Há que premiar mais do que as boas ideias; há que premiar o empenho, o talento, a capacidade dos publicitários para ajudar uma empresa em dificuldades a vender e a sobreviver, ou simplesmente a crescer. Premiar a eficiência técnica aliada à capacidade criativa orientada. Porém coloca-se a questão: qual a razão da criatividade num anúncio? A missão das agências é a de convencer os clientes de que as boas ideias vendem mais do que as más.

Todos os anos realiza-se em Cannes um seminário onde se fala de produções a preços reduzidos. Podem referir-se os anúncios Suecos, gravados por uma câmara de vídeo... e que chegaram a ganhar prémios!

CAPÍTULO 15

CASOS DE SUCESSO EM COMUNICAÇÃO

Banco Mello

O mercado bancário até 1997 estava marcado por estratégias agressivas de *hard-selling* com grande recurso a uma comunicação assente em números e numa linguagem hermética - os bancos apostavam na divulgação de taxas e de conceitos que em muitos casos não eram de percepção imediata pelo consumidor. Numa outra vertente, o humor era incessantemente explorado, em fórmulas mais ou menos felizes, pela publicidade a produtos financeiros.

Com este panorama considerou-se necessário apostar numa outra via. Investiu-se assim numa comunicação humanizada e que privilegiava a vertente didáctica e de informação face à promoção pura de produtos. Ao nível dos *scripts* para os filmes publicitários, pretendeu-se centrar a mensagem em questões que preocupassem as pessoas, a família e o tempo disponível.

Royco Cup a Soup

O desafio consistiu em introduzir no mercado um produto novo, uma marca nova, um conceito novo e sobretudo, um novo hábito. Os hábitos, regra geral, não se alteram do dia para a noite, e neste caso trata-se de uma proposta que pretendeu quebrar com uma das tradições portuguesas, em que a sopa é tomada à refeição e à mesa, num prato e com uma colher. Como contradição a este hábito, este produto - Royco Cup a Soup - é para ser comido a qualquer hora, em qualquer lugar e numa caneca. Apesar de Portugal ser um dos países onde se consome mais sopa durante as refeições e raramente de pacote, porquê não alterar este hábito?

Em 1997, com o objectivo de aumentar a penetração no mercado, a Fima encomendou um filme publicitário. O anúncio, assim como o próprio produto, tinham de ser inovadores, romper conceitos e ter uma abordagem diferente. O filme em causa foi um dos vencedores do Grande Prémio RTC 1997 e mudou a vida deste produto. O filme permitiu que a marca subisse na escala da notoriedade e melhorasse a sua performance, segundo a gestora deste produto.

Era necessária uma campanha de grande impacto, que situasse a Royco Cup a Soup como um "snack", suscitasse curiosidade e conduzisse os consumidores à experimentação.

WC Pato

O WC Pato tem sido um produto altamente inovador na sua categoria - limpeza de casas de banho. O slogan "vai até onde os outros não chegam" é esclarecedor. A embalagem com o pescoço de pato satisfaz uma necessidade há muito sentida pelas donas de casa: limpar o rebordo da sanita. A total identificação do nome com a embalagem contribuiu para que o produto atingisse grandes níveis de notoriedade e reconhecimento.

Mimosa

"Um mundo de confiança é o que lhe oferece a Mimosa". Este é o *slogan* da marca há já alguns anos. Segundo vários estudos de mercado, a marca apresenta índices de notoriedade e reconhecimento elevados. O logotipo que hoje se conhece foi concebido em 1990, altura em que foi abolida a cor vermelha para dar lugar ao azul do céu e ao verde dos prados. A intenção é passar uma imagem de frescura. A partir da data de mudança de logotipo para o atrás citado, os responsáveis da marca iniciaram um grande esforço de comunicação. A presença na televisão passou a ser uma constante. O patrocínio do programa "A Visita da Cornélia" foi o primeiro passo para se familiarizar com o grande público.

Alguns anos mais tarde, a Mimosa decide apostar em filmes publicitários. A arma então encontrada para fazer passar a sua mensagem foi a associação da marca com o humorista Herman José. Estes filmes associavam a boa disposição, a popularidade e a capacidade de entretenimento de Herman José à promoção da marca. Estas campanhas tiveram resultados espectaculares para a Mimosa e, ainda hoje, a marca não abdica de uma presença assídua e multifacetada nos diversos meios de comunicação.

Os leites Mimosa não têm como factor motivação o preço, uma vez que os seus produtos são mais caros do que o normal. Porém, segundo Casimiro de Almeida presidente da Lactogal, "...as pessoas estão dispostas a pagá-lo, pois têm preocupações concretas com a saúde e pertencem, regra geral, a classes mais favorecidas".

Mais recentemente, e com vista a iniciar uma nova relação com os consumidores, foi criada a expressão "É o Leite Que Nos Toca". Pretendiam, assim, apelar mais às emoções e à afectividade das pessoas.

Renova

A renovação da identidade visual da Renova assentou em estudos de mercado que visaram analisar a possibilidade de novos produtos sob a marca "umbrella". A inovação, a investigação e o "design" foram ingredientes considerados essenciais nesta nova etapa.

Com o argumento de que um aroma, mais do que uma imagem, paladar ou toque, pode causar uma gama de sensações mais ampla e de maior intensidade, a empresa estudou as potencialidades do olfacto humano para posterior desenvolvimento de novos produtos.

Sumol Néctar

O filme, "Engarrafamento" tinha um estilo irreverente, de acordo com o público a que se dirigia. "Em termos de consumidores, centramo-nos no segmento dos adultos jovens de 25 a 35 anos, urbanos e das classes socioeconómicas média-alta e alta" referiu Fernando Tomázio da Refrigor.

O que dizem os estudos de Mercado, base para os filmes da Sumol néctar, o segmento c2 (classe média baixa) é aquele onde se encontram mais consumidores de refrigerantes com gás de sabor a frutos, segundo dados da Marktest. Por idades, o escalão etário entre os 15 e os 17 anos é claramente aquele que mais adere a este tipo de refrigerantes, seguido de perto da faixa etária seguinte (entre os 18 e os 24). Este é o mercado em que a marca mãe Sumol concentra os seus esforços. Para além das marcas afins que trabalham no mesmo mercado, este tipo de bebidas sofre ainda colateralmente a concorrência de um mercado alternativo extremamente dinâmico, o das colas.

Um estudo da Marktest revelou que, em termos globais, existia uma maior percentagem de consumidores confessos da poção de origem Americana, do que dos sumos gaseificados mais tradicionalmente nacionais (35% contra 24%). Tendo um portfólio de marcas alargado – a Sumólis é também em Portugal, a distribuidora da Pepsi - a empresa consegue chegar aos diversos segmentos. Os sumos naturais eram, neste âmbito, uma das lacunas.

Dirigidos a um segmento mais adulto e multifacetado, vieram dar resposta a um mercado com boas potencialidades. As características predominantemente juvenis do mercado de refrigerantes gaseificados obrigam também a uma permanente atenção aos canais de distribuição.

Os *targets* mais jovens caracterizam-se por uma grande mobilidade o que traz para primeiro plano canais emergentes, como bares de escolas, clubes desportivos, cinemas e outros locais de convívio.

Cerveja Super Bock

Entre os vários factores que têm contribuído ao longo dos anos para o sucesso desta marca encontra-se a qualidade, a adaptação ao paladar português, a distribuição alargada e uma estratégia de comunicação coerente e em crescendo.

Nos últimos anos, o mercado nacional tem sido inundado com novas marcas de cerveja. A Unicer estava atenta e tomou algumas medidas de forma a evitar estragos de maior. Antes que a marca envelhecesse, os seus valores foram renovados e partiu-se à conquista dos consumidores mais jovens. Até então a empresa, que apostava tudo nas mensagens publicitárias institucionais baseadas no valor da tradição, adoptou uma posição mais agressiva no que diz respeito à comunicação.

As campanhas publicitárias passaram a ser irreverentes, ousadas e cheias de humor. Estes ingredientes, somados à utilização massiva dos outdoors na divulgação da mensagem, fizeram as delícias dos mais jovens. E, no entanto, os velhos e fiéis consumidores da marca também não ficaram indiferentes ao novo estilo de comunicação. Por isso a sua fidelização saiu reforçada.

Vespa

No final da Guerra, os irmãos Piaggio idealizaram um meio de locomoção económico, simples de conduzir e ao alcance de todas as bolsas italianas: a Vespa. Nasceu assim da forte determinação de um homem em criar um produto de baixo custo e amplo consumo. A Vespa acabaria por marcar o fim da segunda guerra mundial, ao ser encarada como um símbolo de liberdade, concebida para uma massa humana extremamente necessitada de novas emoções e sensações.

A sua designação nasceu do primeiro contacto entre Enrico e o protótipo. Perante a parte central muito ampla para acolher o condutor e a sua "cintura" estreita, exclamou: "parece uma vespa!". No dia 23 de Abril de 1946, a Piaggio & C. depositou a patente para uma «motocicleta com conjunto racional de órgãos e elementos com chassis combinado com guarda-lamas e capot que cobrem toda a parte mecânica».

Os cartazes de publicidade da época mostram jovens enamorados e mesmo famílias apoiados por frases como *"Vespa: paradiso per due"* ou *"maybe your second car shouldn't be a car"*, que promoveram um produto que uniu pessoas em todo o mundo e fez sonhar e chorar outras tantas em dezenas de livros e filmes.

CAPÍTULO 16

A NOVA ERA DA PUBLICIDADE
E O NOVO CONSUMIDOR

O final do século XX reservou-nos uma série de surpresas, tanto a nível de captação e tratamento, como de transmissão de mensagens audiovisuais.

Uma maior qualidade da imagem acarreta novos problemas ao nível da produção e concepção de filmes publicitários, tais como a cenografia, maquilhagem, cuidado no recurso ao zoom e exigências sonoras e visuais da sua reprodução.

Em 1993, a TVE efectuou também experiências no domínio da interactividade televisiva, passando a ter carácter efectivo durante esse mesmo ano. O sistema utilizado incluía um microcomputador, um ecrã, uma impressora, um descodificador e um modem. O aparelho era ligado a um televisor e à linha telefónica tradicional, pagando-se uma taxa mensal de exploração ao sistema. Desta forma, o espectador podia participar em concursos, imprimir receitas que eram ditadas na televisão e concorrer a concursos incluídos em filmes publicitários.

A Pioneer, multinacional japonesa reconhecida pela sua actuação no mercado da electrónica de consumo, está a mudar estrategicamente os seus negócios para áreas de forte crescimento. Neste sentido, tem vindo a apostar fortemente nos sistemas digitais de *broadcasting* para áudio e vídeo, equipamentos que também já são produzidos na Europa. Esta empresa, juntamente com outras entidades, tem vindo a realizar experiências piloto no campo da interactividade televisiva. Como exemplo, pode referir-se o caso da associação desta multinacional com o "Canal+" Francês na área dos sistemas digitais de "broadcasting" para televisão e da televisão interactiva.

De facto, em todo o mundo estão a organizar-se *joint-ventures* entre multinacionais das áreas da informática e electrónica, das telecomunicações e dos média, em especial das televisões por cabo.

O trabalho conjunto destas equipas é imprescindível, porque a concretização do projecto da televisão interactiva depende de importantes avanços tecnológicos. Entre estes, encontram-se a transmissão por fibra óptica, as comunicações sem fios e a compressão de dados. O esforço compensa porque ao serem superados todos os obstáculos, as possibilidades de utilização do sistema e de rentabilização do negócio são inúmeras.

Através do sistema *video-on-demand* já possível, com um pequeno aparelho semelhante a um interface, transformar as televisões em aparelhos interactivos. Na mesma "caixa" convergem os mundos dos computadores, das emissões televisivas e das centrais telefónicas. O sistema permite o acesso directo a verdadeiras bibliotecas de filmes, documentários e programas educativos com milhares de títulos.

Para Bill Gates, a chave do capitalismo é fazer o encontro entre compradores e vendedores e, para isso, e' necessária informação.

Com a era da internet, os compradores e os vendedores relacionar-se-ão directamente sem a intervenção de intermediários. Quando se quer contactar uma pessoa envia-se um mail ou usa-se o telefone; para se informar milhões de pessoas usa-se a televisão ou um jornal. Mas se o alvo é constituído por milhares de pessoas, o custo de as atingir e de as localizar favorece economias de escala. No mundo electrónico, esta limitação não existe – já estão disponíveis muitos conteúdos dirigidos a poucos milhares de pessoas. Não basta ouvir os clientes, é preciso direccioná-los e as empresas têm que estar alguns passos à sua frente.

Para Jack Nilles, o Pai do Teletrabalho, não há razão para a totalidade da população fazer diariamente o percurso casa-trabalho/trabalho-casa já que mais de metade passa a maior parte do tempo a trabalhar com o computador ou com equipamento de telecomunicações.

Como resposta a esta questão, aquele autor apresentou no início dos anos 70 o conceito de teletrabalho. Quando, em 1973, Jack Nilles começou a testar a telecomutação, a ideia primordial era o estabelecimento de escritórios satélites, perto de onde viviam um número significativo de empregados. O advento dos computadores pessoais mudou este cenário. Hoje muitas variações de telecomutação são construídas em torno de combinações de trabalho em casa, trabalho nas instalações do cliente, ou num escritório central. Um dos tipos mais divulgados de teletrabalho é a telecomutação, em que o empregado ou o prestador de serviços trabalha em casa em vez de se deslocar às instalações do empregador ou do cliente.

Ainda de acordo com este autor, em 2017 deverão haver cerca de 250 milhões de teletrabalhadores em todo o mundo, dos quais cerca de 115 milhões nos países membros da OCDE. Para Portugal, dos cerca de 1 milhão de trabalhadores que lidam com informação, perto de cem mil recorrem ao teletrabalho.

Frank Feather, um dos Gurus Canadianos na área da consultoria estratégica, também previu que na era electrónica não nos deslocaríamos para um local especifico de trabalho: o trabalho começaria quando se ligava o computador portátil. Não se iria para a escola ou para as compras: a escola e as lojas viriam até nós. Também não se iria ao banco: transportar-se-ia o banco no bolso. As transacções comerciais e sociais estariam centradas no lar e no indivíduo.

Este gestor não estaria preocupado com as relações interpessoais que iriam advir desta era. Afirmou que nenhuma tecnologia da história desumanizou tanto a sociedade como o modelo da fábrica baseado em máquinas. Este separou o trabalho da vida pessoal, levando o trabalhador para fora de casa. A destruição da família foi incomensurável. Para este especialista, o globo deve abraçar qualquer tecnologia que permita à sociedade ter por pólos o lar e a comunidade local Porém surgem várias questões relacionadas com o porquê da expansão do teletrabalho:

As mudanças na força de trabalho: Hoje, o sector da informação, trabalho que primariamente envolve a criação, manipulação e transmissão de informação, é o maior empregador norte-americano - 60% da força de trabalho. Na Europa, embora variando de país para país, é também a forma de emprego dominante.

O desenvolvimento tecnológico: Segundo a lei de Moore, o custo de processamento de informação decresce cerca de 30% ao ano. Consequentemente, muitos processos das empresas podem ser feitos mais rapidamente e com custos mais baixos. Por outro lado, a tecnologia de telecomunicações permite a transmissão global, a baixo custo, de cada vez maiores volumes de informação. Mas a maior manifestação deste desenvolvimento é a proliferação de computadores pessoais. Mais de um terço dos lares americanos têm pelo menos um PC. Por outro lado, com o aparecimento da World Wide Web, a internet regista taxas de crescimento anuais de cerca de 1.500%.

Pressões económicas e competitivas: Devido à rápida expansão da economia da informação e ao crescimento da população mundial, as empresas enfrentam uma concorrência crescente. Esta concorrência trava-se não apenas por clientes, mas também por recursos humanos, já que a economia da informação acarreta a procura constante de novas competências de trabalho. Se não as encontrarem na sua força de trabalho, as empresas vão procurá-las noutros sítios. Os trabalhadores especializados, por seu turno, se não encontram um trabalho adequado localmente, podem procurá-lo a nível global.

A congestão do tráfico e os danos causados ao ambiente: O congestionamento de trânsito é um efeito secundário da revolução industrial, que tem como dogma a ideia de que o trabalho deve ser centralizado, o que obriga diariamente os trabalhadores a convergirem para as fábricas onde o trabalho é desempenhado. Como a riqueza pessoal aumenta, cresce também o desejo de reconquistar o controlo sobre a vida, comprando um carro para se deslocar para o trabalho. O resultado? Todas as cidades do mundo têm imensas filas de trânsito.

CAPÍTULO 17

A COMUNICAÇÃO NA ERA DIGITAL

Durante séculos, as grandes evoluções dos meios de comunicação social ocorreram sempre do lado do todo-poderoso emissor. Com a chegada da internet, da televisão digital e da multimédia, o receptor é, pela primeira vez, colocado em pé de igualdade.

Foi no momento em que surgiram os primeiros intermediários na comunicação (livros, jornais, etc....) que o diálogo existente entre o emissor e o receptor cessa, e os primeiros começam a ganhar poder sobre os segundos. De facto, não só os meios que foram surgindo ao longo dos tempos eram basicamente massificadores e unívocos, como, à medida que as sociedades foram evoluindo, a comunicação foi adoptando um fluxo descendente: do comandante para o comandado, do sacerdote para o fiel, do governante para o governado. Tal como há um desequilíbrio crónico entre países ricos e países pobres, o mesmo se verificou sempre entre emissores (poucos e com muito poder) e receptores (muitos e com pouco poder).

As monarquias cedem lugar às democracias representativas e, por via do marketing, é o consumidor (receptor) que passa a determinar a produção. No dealbar do séc. XXI, estamos em condições e em vias de mudar novamente de galáxia. A esta nova era, a primeira a ocorrer por via do receptor, os historiadores chamarão provavelmente "*galaxy gates*", pela porta para o futuro que Bill Gates abriu à comunicação. O que dita agora a mudança de galáxia são, fundamentalmente, os novos meios digitais ao permitir que o emissor e o receptor voltem a encontrar-se no diálogo, já que, pela primeira vez, os meios de comunicação poderão ser operados por ambos, e não exclusivamente pelo emissor.

Em última análise, quando deixa de haver um emissor e um receptor, como nos tempos da rádio e da televisão, e a isso se somam os esforços da interactividade em marcha nas emissões televisivas e radiofónicas, está em perspectiva o declínio da comunicação de massas. Para Lester Wunderman, num futuro próximo, as empresas não irão dialogar com uma massa de consumidores, mas sim com um indivíduo perfeitamente identificável e capaz de formular as suas próprias exigências.

O final dos anos 90

Os computadores vieram para ficar, ninguém duvida. Vivemos em plena explosão informática, a ponto de já ter nascido uma nova forma de comunicação que liga por computador milhões de pessoas à escala planetária. Depois do acelerado processo de encurtamento de distâncias em consequência do aumento de velocidade dos transportes, chega a vez de diminuir o mundo melhorando drasticamente a comunicação.

A revolução digital, isto é, a possibilidade de transformar todo o tipo de informação - desde o texto até à voz, os sons ou as imagens, fixas ou em movimento em números (dígitos), permite elaborar, acumular, comunicar e utilizar qualquer tipo de informação em formas que até agora não eram praticáveis. Tudo isto está a alterar radicalmente a organização das empresas e instituições, os produtos, os serviços, o emprego e as condições de vida.

O homem de hoje quer ser e estar informado, e quer também receber mais mensagens do que as que realmente pode assimilar. Existem sistemas de comunicação que transferem, num segundo, as quantidades de informação que uma pessoa comum demoraria toda a sua vida a assimilar.

Pressões biológicas (sobrecarga de impulsos), pressões industriais (excesso de canais de televisão) e pressões éticas (deficiente qualidade da informação ou informações deformadas) ajudam a configurar o homem de hoje, a que os cientistas, filósofos e estudiosos da comunicação chamam de o "prisioneiro mediático". Exactamente quarenta anos depois de Marshall McLuhan ter criado o termo "aldeia global", esta materializa-se de forma inesperada. A comunicação de massas deixa de ser um único modelo, aquele em que poucos controlam o que é consumido por muitos. A internet mostra que há pelo menos uma dimensão em que a anarquia é possível, a Quarta!

É uma caótica rede mundial em que o principal meio de expressão é o texto escrito. Parece que a vanguarda do pensamento de hoje se deslocou da arte para as margens da tecnologia. Uma informação tão variada que exige cada vez mais capacidade crítica de cada um de nós.

Alan C. Kay, um especialista no campo dos computadores pessoais escreveu: "Com o espectacular aumento de informação, muita dela contraditória, será imprescindível a capacidade para ajuizar o seu valor e validade".

A ultima novidade dos novos meios é a realidade virtual, que permite ao utilizador individual criar o seu próprio mundo de imagens a partir de um programa de computador, e viver dentro dele com a ajuda de um equipamento especial de óculos e luvas.

Perante tão radical e rápida mudança imposta pela nova comunicação, pareceria não haver nada a fazer senão aguardar, impotentes, o que o destino nos reservava. Mas a sociedade de informação não é um tema tecnológico, mas um grande desafio, cultural e social que todos – cidadãos, empresas e instituições - devem enfrentar com o máximo empenho.

"Não há nada mais permanente do que a própria mudança", como afirmava o filósofo Heráclito.

O futuro dos meios

Rádio: A grande novidade na rádio será o caminho para a interactividade, com programas com maior participação dos ouvintes e, porventura, com possibilidade de escolha dos próprios programas. É assim que as rádios generalistas deverão reconhecer dificuldades, pois as audiências estão cada vez mais especializadas e, num ambiente de tecnologia, não aceitarão bem ter de ouvir aquilo que não seja o que procuram. Sena Santos apontou para o aparecimento de rádios temáticas, tipo "rádio *à lá carte*".

O mais importante será provavelmente a alteração do próprio suporte. Parece pouco provável que continuem a existir receptores de rádio domésticos, devendo estes incorporar-se nos sistemas integrados de TV e internet. Como difusora de música, a rádio poderá vir a ter algumas dificuldades em subsistir. Primeiro, porque terá de concorrer com a televisão digital e com a "Pay Tv", em que o receptor poderá escolher a música que pretende ouvir; segundo, porque a internet poderá também canibalizar a audiência deste meio.

Imprensa: É talvez a nível da imprensa que são mais nítidas as fronteiras do futuro. De facto, o número de jornais "on-line" já tem hoje uma dimensão significativa, e esse deve ser o caminho, com o digital a suceder ao papel, conforme referiu Victor Malheiros.

Com efeito, os jornais não estão no negócio do papel, mas sim no da informação. Se é claro, para muitos especialistas da área, que o suporte vai mudar, fica a dúvida quanto ao tipo de informação que se vai divulgar doravante na imprensa digital. Quanto à morte do papel, para muitos, esta tendência é irreversível.

Multimédia: é o futuro e também o presente em termos de promoção de marcas e de comunicação com o segmento jovem. Na era digital, este será o meio de excelência, usado por destinatários com liberdade para explorar e trabalhar a informação numa envolvente de completa interactividade.

Televisão: O desafio da era digital não só aumentou o número de canais disponíveis, como permitiu, finalmente, que os seus utilizadores possam, através do aparelho de televisão, comprar, ir ao banco, jogar, comprar bilhetes e aceder à internet.

Como referiu Ian Taylor, ex-ministro britânico da ciência e tecnologia, os espectadores terão controlo não só da escolha entre canais, mas também na programação do seu próprio entretenimento.

Outro fenómeno é o aparecimento da *Pay TV*, em que cada receptor apenas paga os canais que lhe interessam, reduzindo ainda mais a comunicação de massas e contribuindo para formar segmentos especializados que podem ser, ao mesmo tempo, uma ameaça e uma oportunidade de negócio.

Internet: Não há dúvida de que a internet é um dos meios responsáveis pelas transformações em curso na comunicação. Não só a sua generalização foi rápida em termos de utilizadores, como o foi também em termos de desenvolvimento. A internet levou apenas cinco anos a atingir dez milhões de utilizadores, o que comparando com outros meios como o telefone (38 anos), o fax (22 anos), o telemóvel (9 anos) e o PC (7 anos), não deixa de ser extraordinário. Por outro lado, o número de sites também não tem parado de aumentar: só entre Janeiro de 1991 e Janeiro de 1996 cresceu de 500 mil para 9,5 milhões.

A verdade é que ainda se está num estádio inicial de

desenvolvimento. Só quando o monitor de computador e da televisão se fundirem é que se concretizarão as denominadas auto-estradas da informação. É aí que tudo se jogará num futuro cada vez mais próximo: comunicações telefónicas, operações bancárias, emissões televisivas e radiofónicas, transacções comerciais, espaços didácticos...tudo em total interactividade entre emissor e receptor.

Qualquer notícia surgirá a qualquer hora, proveniente de qualquer local e em tempo real. O meio internet já desenha, assim, uma nova linguagem e postura de comunicação que importa saber explorar.

CAPÍTULO 18

CONSIDERAÇÕES FINAIS

Grandes tendências do mercado publicitário

Todos erramos, mas o publicitário tem de errar menos do que os outros. Esta é uma realidade que as empresas anunciantes impõem às agências com que trabalham.

Cada vez mais exigentes em relação à eficácia dos seus orçamentos para publicidade e com as novas tecnologias ao serviço do marketing, as agências de publicidade serão cada vez mais submetidas ao controlo dos resultados produzidos pelas campanhas que desenvolvem. O conhecimento dos mercados e dos consumidores, bem como a antecipação de tendências é, neste quadro, um instrumento de trabalho tão precioso quanto a criatividade. Algumas agências de publicidade possuem já centros de pesquisa e observatórios que têm por missão medir o pulso à evolução da sociedade.

Tendências demográficas: A sociedade é cada vez mais individualista. Aumenta o número de celibatários, constituído por um amplo grupo de jovens solteiros ou divorciados e, num outro extremo, viúvos. Por outro lado, a juventude é uma fase da vida mais prolongada não só por razões culturais, mas também porque o crescimento do desemprego obriga os jovens a permanecerem durante mais tempo sob a tutela da família, adiando a sua emancipação e a formação de novas famílias. De acordo com um artigo publicado na revista francesa Le Capital, 50% dos parisienses eram, então, viúvos, ou jovens não casados ou divorciados. Esta é uma tendência demográfica que os sociólogos consideram que se acentuará mais nos próximos anos.

O carácter individualista da sociedade traz também para primeiro plano a utilização da internet para efeitos de publicidade. A rede/net é cada vez mais um ponto de encontro de celibatários (e não só) e por isso, um ponto privilegiado para a difusão de mensagens publicitárias. A internet vai ser responsável pela falência de muitos estabelecimentos comerciais, embora existam certas tipologias de centros de comércio que farão todo o sentido estarem abertos ao público.

A emergência das novas doenças de transmissão sexual, com destaque para a sida, trouxe também contingências à publicidade. A conotação sexual da publicidade, usada por gerações de publicitários, tem hoje o seu raio de acção limitado e as próprias agências sentem-se responsabilizadas pelos estímulos que veiculam.

Ecologia e Saúde: O que é verde é bom e o que é bio, light e/ou vitaminado também o é! Natural e benéfico para a saúde são actualmente palavras de ordem nos produtos, com destaque para os que se destinam ao mercado de consumo alimentar.

A preocupação com as doenças cardíacas associadas ao colesterol elevado e com a estética (a obesidade é o grande inimigo, especialmente do público feminino) criou espaço para um novo segmento de mercado em que a faixa light, bio ou com menos calorias opera milagres.

Moral e Ética: Falar verdade será cada vez mais um imperativo para as empresas e para os seus mensageiros. A essência supostamente enganosa da publicidade e, nalguns ciclos, do próprio conceito de marketing constitui um dos maiores entraves na promoção de bens e serviços. Com alguma culpa na arte de iludir, a publicidade confronta-se agora com o desafio da ética e da credibilidade como factores críticos para a sua eficácia. Inundados de publicidade através de múltiplos meios, os consumidores tenderão a ser cada vez mais insensíveis aos apelos das mensagens, abrindo excepções à criatividade e à idoneidade. Se a criatividade, pelo menos ao nível da comunicação, é sobretudo uma competência das agências de publicidade, no que respeita à idoneidade, o trabalho e a iniciativa são muito mais da responsabilidade das empresas e das instituições anunciantes. Estas deverão criar mecanismos que reforcem a confiança do consumidor. Por exemplo, se os prazos para uma determinada operação bancária não forem respeitados, o cliente deverá ser compensado ou mesmo indemnizado pelo seu banco.

O consumidor já não se contenta com promessas vagas. Está sequioso por outros valores, assentes na verdade, e espera que as empresas/publicidade lhe assegurem essa componente. O comprometimento dos anunciantes com a mensagem publicitada deverá ser absoluto e, por sua vez, as empresas necessitarão indubitavelmente de dar informações o mais fidedignas e credíveis, às agências de publicidade.

O Sonho e o Regresso do *Glamour*: O agravamento das condições de vida na Europa, com ênfase nos problemas colocados pelo desemprego, recriou o conceito de sonho. Se nos anos 80 o consumismo desenfreado foi exportado dos E.U.A. para o velho continente ("compre aquilo que quiser"), nos anos 90 a contenção das despesas dos agregados familiares instalou-se e tem vindo a aumentar, em especial nestes últimos anos. E com estas novas circunstâncias, sobrou espaço à publicidade para apelar de novo ao sonho e à possibilidade de evasão.

Sendo as aquisições mais ponderadas devido à escassez de meios financeiros, cada bem adquirido pode ser valorizado não só pela sua componente real (aquilo para que o bem realmente serve), mas também pelas características imaginárias que lhe podem ser associadas tais como *status*, rebeldia ou mesmo até libertação.

Sonho, evasão e *glamour* são igualmente o *apport* que as *top models* trazem à publicidade que se faz nos dias de hoje. Nos anos 80, contratar uma manequim de renome para promover um produto ou serviço era sinónimo de falta de criatividade do publicitário. Anos mais tarde, as regras modificam-se. Primeiro a recessão, depois uma retoma instável da economia e, por fim, uma nova recessão, implicaram que os riscos fossem reduzidos ao mínimo. Uma *top model* num *spot* constitui, na maior parte dos casos, um bom retorno económico para a empresa cliente. Se a esta constatação se associar a maior apetência do consumidor pelo sonho e evasão que uma mulher/homem bonita/o suscita, encontra-se uma boa receita para filmes publicitários.

As *top models* deixaram de estar confinadas apenas às *passerelles* e são hoje verdadeiros ídolos para algumas camadas da população.

O Mercado Sénior: Ainda que directamente relacionado com as tendências demográficas, o mercado sénior merece uma atenção individualizada por parte de quem se dedica à publicidade. A população europeia está a envelhecer e de um modo nunca antes testemunhado. Já não existem, especialmente nas grandes cidades, 'velhinhos' de 60 anos. Actualmente, aos 60, está-se na idade madura, com algum cuidado em boa forma e às portas da reforma ou já reformado. O campo de oferta empresarial e publicitária é imenso: lazer, saúde, produtos alimentares, produtos de luxo e bens que facilitem a vida são algumas das áreas mais óbvias a explorar. Se a isto se acrescer o facto de ser a população mais velha aquela que mais tempo dispõe para ver televisão - o meio privilegiado de difusão de mensagens publicitárias - facilmente se compreende que a segmentação na criação de anúncios é, neste âmbito, um imperativo.

Valores Masculinos vs. Valores Femininos: Para Jacques Seguella, os valores masculinos serão progressivamente substituídos por valores femininos, ou seja, em vez da força e da coragem, a publicidade passará a veicular, preferencialmente, valores como o equilíbrio, a harmonia e a tolerância As teses são várias, mas a dominante justifica a tendência por um fracasso dos valores opostos (masculinos), associados à guerra, à sociedade industrial e à violência.

Esta progressiva prevalência de valores femininos tem correspondência no acréscimo de produtos e mensagens publicitárias dirigidas às mulheres que, cada vez mais ganham visibilidade como mercado próprio.

Philip Kotler, no seu livro *"Rethinking the Future"*, fez um conjunto de previsões baseadas na sua interpretação da evolução do mundo dos negócios:

A Explosão do Entretenimento: Na sua opinião, o consumidor moderno pretenderá divertimento a qualquer momento, seja no trabalho, nas compras ou em casa. O tempo é escasso e o novo cliente faz várias coisas ao mesmo tempo. Os pequenos retalhistas já identificaram o filão: as lojas temáticas da Nike são um bom exemplo disso. O cliente passeia-se entre relíquias do desporto e aquários de peixes coloridos, pisando televisões com os últimos telediscos, podendo simultaneamente experimentar sapatos de basquetebol numa pista com cesto. Museus e salas de concertos deixarão apenas de mostrar objectos ou de tocar música, passando a ser centros de eventos com capacidades multi-sensoriais.

Consumidores de Alto Rendimento: A classe média vai deixar de ser uma referência de segmentação. Haverá uma classe A e uma outra, a C. A primeira exigirá produtos de alta qualidade e um serviço personalizado, porque trabalha para viver e não o contrário. Entram em consideração novos factores para além do preço, como o tempo, o risco e o desgaste do cliente. Para a classe C, o importante será o preço.

A Importância das Marcas: O cliente compara automaticamente as marcas. A grande distribuição optou pela técnica de introduzir produtos brancos e de marca própria semelhantes aos de marca, exibindo-os nas suas prateleiras em conjunto com, no máximo, uma marca conhecida, no topo das preferências do seu *target*. Se uma marca não estiver em primeiro ou em segundo lugar na hierarquia de preferências da maior parte dos seus consumidores, será automaticamente rejeitada.

Qualidade vs. Preço vs Serviço: O sucesso está em vender qualidade elevada - real ou percebida - por um preço mais baixo que o da concorrência. O serviço tornar-se-á um factor de diferenciação, permitindo uma oferta mais completa em torno do produto.

Marketing Associado a Causas Sociais: Patrocinar a defesa do ambiente, como a Body Shop, transmite um sentido cívico ao mercado; transporta a marca para além do produto e torna-a universal. A Coca-Cola dirige-se à "família humana", a Reebok advoga *"this is my planet"*. Assim, na mente do consumidor, cria-se uma associação entre a Causa e o Produto, uma osmose de valores, que incentiva à compra.

A Maior Diferenciação Entre Produtos: A diferenciação visa uma identificação clara de um produto ou serviço face à sua concorrência. Tradicionalmente para se obter esta diferenciação, aposta-se nos quatro P's do marketing mix: preço, produto, promoção e ponto de venda (ou distribuição).

Ampliação do *Loyalty Effect*: Trata-se de reter clientes e mantê-los fiéis a uma empresa, produto ou serviço, partindo do princípio de que é mais fácil e menos oneroso retê-los do que captá-los de raiz. O conceito de *Loyalty Effect*, ou fidelização, foi desenvolvido por Frederick Reicheld, director da área de *Loyalty* na consultora Bain.

A Constante e Usual Presença do Marketing Interactivo: A abordagem interactiva do marketing pressupõe que compradores e vendedores são ambos activos no processo de tomada de decisão. Os modelos de marketing padronizados são criticados por serem demasiado deterministas e implicarem o controlo total do produtor com clientes passivos. O marketing interactivo condiciona o sucesso à competência e à capacidade dos indivíduos e empresas envolvidas no processo de interacção. Os aspectos mais importantes são o ambiente que envolve a relação, o grau de cooperação e conflito e a distância social entre o cliente e o vendedor.

A Realidade do Marketing *One to One*: O marketing *one to one* é o apogeu do tratamento personalizado ao cliente. Lançado por Don Peppers e Martha Rogers, o conceito considera o consumidor como indivíduo único e procura saber as suas necessidades antes de lhe propor uma panóplia de soluções.

O desaparecimento gradual de canais generalistas e o contínuo aparecimento de canais dirigidos a nichos será uma constante. Os autores recomendam começar pela identificação de alguns dos clientes mais leais e com maiores potencialidades de lucro no futuro. A Levi's, por exemplo, permite ao cliente introduzir as suas medidas num computador para obter um par de calças personalizado. Na área dos serviços, este conceito será certamente uma, senão "a" palavra de ordem.

A postura futura não será a vertente *push*, mas sim a de oferecer ao cliente o que ele realmente deseja. Aponta-se como futuro da publicidade, um enquadramento criativo que estará relacionado fundamentalmente com clivagens socioculturais, em que o espectáculo parta do produto para chegar ao produto, em que se tenha em conta a passagem da sociedade ao eu, de um misto de valores do consumidor, entre a novidade e o passado, e a necessidade da reflexão sobre a interactividade emissor-destinatário.

...

FIM

BIBLIOGRAFIA SUGERIDA

LIVROS

Brochand, B., Lendrevie, J., Rodrigues, J. D. e Dionísio, P. (1999). Publicitor. Publicações Don Quixote, 654 pp

Coelho, P. (1998). Veronika decide morrer. Editora Objectiva, ltda. , Rio de Janeiro, Brasil, 242 pp.

Joannis, H. (1988). Le processus de création publicitaire. Bordas, Paris, 177 pp.

Kotler, P. (2009). Rethinking the Future, Nicholas Brealey Publishing, 288 pp.

Martins, I. N. e Carvalho, T. D. (1990). Psicologia - Ser e Conhecer. Texto Editora lda, Lisboa, 231 pp.

Rapp, S. e Collins, T. (1994). The New Maxi Marketing McGraw Hill, London.

Ries, A. (1996). Focus, The Future of Your Company Depends on It.

Harper Business, 304pp.

Samuelson, P. A. e Nordhaus, W. D. (1992). Economia. McGraw-Hill, 14th ed., London, 908 pp.

Trout, J. (1996). The New Positioning. McGraw Hill, London, 1st ed., 173pp.

Wiersema, F. (1998). Customer Intimacy. Knowledge Exchange, 1st ed., 221pp.

Wunderman, L. (1996). Being Direct, Making Advertising Pay.

Random House, 1st ed., NY, 336pp.

ESTUDOS

"Hábitos e atitudes dos consumidores perante os meios de comunicação", pela J. W. Thompson, 1997

"Impacto dos blocos publicitários em televisão", pela Plurimarketing, 1998

"Brand asset valuator", pela Young & Rubicam,1996

"O percurso do consumidor português", pela Nova Publicidade, 1997

REVISTAS

Almeida, A. (1996). Super Bock, uma linguagem para a cerveja. Briefing 170, 10.

Araújo, B. (1996). Marcas de mãos dadas. Exame 97, 76.

Araújo, B., Vasco, R., Costa, A. e Miranda, M. (1997). Dossier casos de sucesso em Portugal. Exame Marketing 100 (1), 29 - 82.

Auhage, J. (1999). Tóquio. Page 9, 26 – 29.

Baltazar, T. (1997). Estrangeirismos. Briefing 176, 32.

Baptista, C. (1999). Discussão nos bastidores. Suplemento Marketing & Publicidade do Diário de Notícias, 6 – 8.

Belo, J. (1997). Nizan Guanaes. Briefing 185, 12 – 13.

Bernardo, N. (1997). Vender na internet. Fortuna 63, 94 – 96.

Bernardo, N. (1997). Medir audiências. Fortuna 67, 88 – 90.

Bernardo, N. (1998). Páginas na internet. Fortuna 71, 52 – 53.

Blecher, N. (1997). A magia da publicidade invisível. Executive Digest, 120 – 124.

Brito, P. (1999). A futura geração Y. Suplemento Marketing & Publicidade do Diário de Notícias, 36 - 37

Brody, J. (1997). Anda a dormir o suficiente? Selecções do Readers Digest, 43 – 47.

Cabral, F. S. (1997). Os custos da globalização. Fortuna 66, 42 – 43.

Camacho, J. (1999). Daciano Costa. Page 9, 12 – 17.

Campos, J. (1996). A Fast pub. Briefing 170, 28.

Canha, I. (1997). O elogio do teletrabalho. Executive Digest, 86 – 87.

Cardoso, P. (1999). Como um bisturi. Suplemento Marketing & Publicidade do Diário de Notícias, 24 – 25.

Carvalho, I. (1998). Televisão a três dimensões. Fortuna 71, 120.

Correia, G. (1997). Os mercados do futuro. Exame Marketing 100 (1), 8 – 11.

Correia, G. (1997). Publicidade na net. Exame 105, 114 – 117.

Costa, A. (1997). Mau olhado. Quo 25, 30 – 35.

Cruz, L. (1996). O futuro da internet. Fortuna 55, 96.

Dhombres, D., Pomonti, J., Maringues, M. e Philip, B. (1997). Cidades do excesso. Selecções do Readers Digest, 56 – 61.

Eleutério, V. (1999). Da publicidade que foi. Suplemento Marketing & Publicidade do Diário de Notícias, 48 – 50.

F., H. (1997). Anunciantes regressam às salas de cinema. Fortuna 59, 18.

F., S. F. (1997). Portugal social em números. Fortuna 58, 135.

Faria, H. (1996). Alinhamentos internacionais. Fortuna 56, 96 – 98.

Faria, H. (1997). Direct mail. Fortuna 61, 90 – 92.

Ferreira, A. (1999). Ousar e reinventar. Suplemento Marketing & Publicidade do Diário de Notícias, 46.

Galvin, V. (1995). Ruído por favor. Quo 3, 34 – 37.

Garcez, P. (1997). Tocando os limites. Ingénium 21, 78 – 79.

Gomes, F. (1997). Caça anúncios. Fortuna 61, 106.

Gomes, F. (1999). Profecias e conceitos de personagens futuristas no tempo presente. Page 9, 10 – 11.

Gomes, Y. (1997). Parto-me a rir. Quo 25, 18 – 24.

Gomes, Y. (1997). Web side story. Quo 25, 82 - 87

Guedes, J. (1995). Esta empresa é uma ruína. Quo 3, 80 – 83.

L, J. (1994). Criatividade em toda a linha. Marketing e publicidade 71, 36 – 38.

Lenzner, R. (1997). O mundo visto por Peter Druker. Executive Digest, 90 – 98.

M., C. (1997). AGB vai medir share da Tv Cabo. Briefing 178, 6.

M., C. (1997). Perfil do utilizador da internet. Briefing 180, 14.

Machado, R. (1999). Quanto custa a verdade. Sup. Marketing & Publicidade do Diário de Notícias, 16 – 19.

Magalhães, C. (1997). Agência - Cliente: amigos para sempre? Briefing 179, 19.

Magalhães, C. (1997). Estudos de mercado. Briefing 180, 25 – 30.

Magalhães, C. (1997). O pequeno consumidor em Portugal. Briefing 185, 4.

Magalhães, C. (1997). Dossier televisão. Briefing 186, 21 – 26.

Magalhães, C. (1997). A televisão sempre. Briefing 187, 12.

Magalhães, C. (1997). Produtoras de imagem e de som. Briefing 187, 21 – 26.

Magalhães, C. (1997). A revolução Luso - Brasileira. Briefing 188, 6 – 7.

Magalhães, C. (1997). Cannes 1997. Briefing 190, 17 – 30.

Martins, R. (1994). Reebok cria equipa de sonho. Marketing e Publicidade 71, 44.

Matos, M. (1999). Grafitti. Page 9, 40 – 45.

Mello, A. (1999). Vale tudo menos proibir. Suplemento Marketing & Publicidade do Diário de Notícias, 30.

N., C., D. (1997). A arma da comparação. Fortuna 68, 38.

Neves, C. (1997). Anunciar na TV. Fortuna 62, 92 – 96.

Neves, C. (1997). Patrocínio e mecenato. Fortuna 84 – 88.

Neves, C. (1997). Entre na internet. Fortuna 63, 104.

Nogueira, A. (1997). Como se fabrica um êxito de bilheteira. Marketeer 11, 36 – 41.

Patarrana, M. (1999). Os quês no século. Suplemento Marketing & Publicidade do Diário de Notícias, 38 – 39.

Ramos, S. (1996). Jovens contra a corrente. Fortuna 52, 100.

Ramos, S. (1997). Marcas globais. Fortuna 67, 92 – 96.

Ramos, S. (1997). Relações com qualidade. Fortuna 69, 86 – 87.

Ribeiro, L. (1997). O mundo na era virtual. Executive Digest, 62 – 70.

Ribeiro, L. (1997). Quem tem medo do camaleão. Marketeer 11, 1.

Rodrigues, L. (1999). Navegar no futuro. Suplemento Marketing & Publicidade do Diário de Notícias, 42 – 43.

Rosário, A. (1999). Classificados. Suplemento Marketing & Publicidade do Diário de Notícias, 14 – 15.

Saavedra, R. (1999). O elogio da traça. Suplemento Marketing & Publicidade do Diário de Notícias, 3.

Sacadura, J. (1997). Não havia nechechidade. Briefing

188, 25.

Santos, F. (1999). Rasguem as tabelas. Suplemento Marketing & Publicidade do Diário de Notícias, 22.

Santos, J. (1997). Comunicar na era digital. Marketeer 11, 42 – 46.

Sequeira, S. (1997). A publicidade pimba. Briefing 188, 40.

Serpa, M. (1997). A universalidade do visual. Briefing 193, 6.

Silva, C. (1996). Pioneer aposta na televisão do futuro. Exame 97, 36 – 37.

Silva, C. (1997). Hipermania. Exame Marketing 100 (1), 92 – 97.

Silva, M. (1994). Perceber o consumidor. Marketing e Publicidade 71, 48.

Silva, M. (1999). A difícil tarefa. Suplemento Marketing & Publicidade do Diário de Notícias, 35.

Simões, N. (1996). A televisão do futuro. Briefing 174, 16.

Tavares, I. (1997). Publirevolução. Fortuna 66, 47 – 61.

Trigo, R. (1999). Privilégio às ideias. Suplemento Marketing & Publicidade do Diário de Notícias, 44.

Trindade, B. (1996). A revolução na publicidade.

Briefing 175, 9.

Trindade, B. (1997). Agências de publicidade em exame. Briefing 182, 6.

Trindade, B. (1997). A má publicidade é um facto. Briefing 194, 10.

Vasco, R. (1997). Os gestores de quem se fala. Exame Marketing 100 (1), 84 – 90.

Vasco, R. (1997). 6 Grandes tendências para o século XX. Exame Marketing 100 (1), 98 – 101.

Vasco, R. (1997). As campanhas mais admiradas. Exame Marketing 100 (1), 108 – 109.

Vieira, S. (1997). Prisioneiro Mediáticos. Ingénium 21, 98.

Wengoróvius, J. (1999). Só estou bem onde não estou. Suplemento Marketing & Publicidade do Diário de Notícias, 40

ENTREVISTAS

Rosalina Machado; Thiago Baltazar; Fernando Correia dos Santos; Pedro Mota Carmo; Luís Reis, Pedro Bidarra.